中层领导力

西点军校和哈佛大学共同讲授的领导力教程

The 360 Degree Leader: Developing Your Influence from Anywhere in the Organization

[美] 约翰·C.马克斯维尔 著

施轶 译

文汇出版社

图书在版编目（CIP）数据

中层领导力：西点军校和哈佛大学共同讲授的领导力教程 /（美）约翰·C.马克斯维尔著；施轶译. -- 上海：文汇出版社，2017.7
ISBN 978-7-5496-2199-6

Ⅰ. ①中… Ⅱ. ①约… ②施… Ⅲ. ①领导学－通俗读物 Ⅳ. ①C933-49

中国版本图书馆CIP数据核字（2017）第148429号

The 360 Degree Leader: Developing Your Influence from Anywhere in the Organization by John C. Maxwell
Copyright © 2005 by John C. Maxwell
This Licensed Work published under license.
Simplified Chinese translation copyright 2017 by Shanghai Dook Publishing Co., Ltd.
This translation published by arrangement with Thomas Nelson Inc. Through The Artemis Agency.
All rights reserved.

中文版权 ©2017 上海读客图书有限公司
经授权，上海读客图书有限公司拥有本书的中文（简体）版权
图字：09-2017-250号

中层领导力：西点军校和哈佛大学共同讲授的领导力教程

作　　者	/（美）约翰·马克斯维尔（John C. Maxwell）
译　　者	/ 施　轶
责任编辑	/ 戴　铮
特邀编辑	/ 赵　贺　姜一鸣
封面装帧	/ 李子琪　陈艳丽
出版发行	/ 文汇出版社
	上海市威海路755号
	（邮政编码200041）
经　　销	/ 全国新华书店
印刷装订	/ 三河市龙大印装有限公司
版　　次	/ 2017年8月第1版
印　　次	/ 2017年11月第4次印刷
开　　本	/ 710×1000mm　1/16
字　　数	/ 247千字
印　　张	/ 19.5

ISBN 978-7-5496-2199-6
定　　价 / 39.80元

侵权必究

装订质量问题，请致电010-85866447（免费更换，邮寄到付）

目录

第一章 中层领导者的 7 个误区

误区一 职位误区：不居高位，无法领导 / 4

误区二 目的地误区：
　　　　身居高层之后再学习怎样领导 / 8

误区三 影响力误区：身居高位，人们自然服从 / 10

误区四 经验不足误区：身居高位我就能掌控一切 / 12

误区五 自由误区：成为领导后我就无拘无束 / 14

误区六 潜力误区：身不在高层就无法发挥潜力 / 17

误区七 破罐子破摔误区：做不成领导者就不必领导 / 19

第二章 中层领导者普遍面临的挑战

挑战一 压力挑战：困于中层带来的压力 / 24

挑战二 挫败感挑战：上司平庸无能 / 32

挑战三 多重角色挑战：只有一人，却身兼数职 / 41

挑战四 自尊心挑战：埋没于中层 / 47

挑战五 成就感挑战：领导者更喜欢前线，而不是中层 / 54

挑战六 愿景挑战：如果制定愿景没你的份儿，
　　　　那就很难真心拥护 / 62

挑战七 影响力挑战：超越职位影响他人困难重重 / 70

第三章 领导力三原则：
1. 向上领导的原则

原则一：出色地领导自己 / 81

原则二：为上司减负 / 91

原则三：心甘情愿做别人不愿意做的事 / 100

原则四：领导——做的要比管理的更多 / 108

原则五：为人际关系投资 / 115

原则六：每次占用上司的时间之前做好准备 / 122

原则七：何时进何时退 / 129

原则八：成为公司骨干 / 137

原则九：不断进步 / 142

第四章 领导力三原则：
2. 横向领导的原则

原则一：理解、练习并完成领导力圆环 / 151

原则二：赞美比竞争更重要 / 158

原则三：成为朋友 / 164

原则四：避免办公室政治 / 170

原则五：扩大人脉圈 / 177

原则六：让闪光创意脱颖而出 / 184

原则七：不要假装完美无缺 / 191

第五章 领导力三原则：
3. 向下领导的原则

原则一：慢慢穿过走廊 / 199

原则二：将每个人视为"满分" / 205

原则三：培养每个团队成员 / 212

原则四：发挥下属的优势 / 221

原则五：以身作则 / 226

原则六：传递愿景 / 231

原则七：根据结果进行奖励 / 236

第六章 全方位领导者的价值

价值一：领导者团队比单打独斗更有效 / 244

价值二：公司的每一层都需要领导者 / 248

价值三：成功领导是更上一层楼的前提 / 253

价值四：优秀的中层领导能够提升高层领导的水平 / 257

价值五：全方位领导者具备每个企业都需要的才能 / 262

给高层领导的话

为全方位领导者创造一个大显身手的环境 / 272

全方位领导者练习册

第一章 中层领导者的 7 个误区 / 282

第二章 中层领导者普遍面临的挑战 / 289

第三章 向上领导的原则 / 292

第四章 横向领导的原则 / 298

第五章 向下领导的原则 / 302

第一章
中层领导者的7个误区

以下历史画面是领导力的经典例证：威廉姆·华莱士领导其麾下的苏格兰战士浴血奋战，对抗英格兰人的压迫；温斯顿·丘吉尔在大半个欧洲沦陷之时，勇敢反抗纳粹的威胁；圣雄甘地带领游行队伍徒步200英里，抗议英国殖民者垄断印度制盐业；玫琳凯·艾施单枪匹马创办世界级化妆品公司；马丁·路德·金站在林肯纪念堂前，以种族平等的梦想撼动整个美国。

以上每个人都是伟大的领导者，他们影响了成千上万的人。不过这些例子也具有迷惑性。实际上，99%的领导力来自企业中层而不是顶层。通常情况下，一个企业中只有一个顶层领导。那个人不是你时，你该怎么办？

> 99%的领导力来自企业中层而不是顶层。

我从事领导力培训已近30年，几乎每场讲座中都有人找到我提出这样的问题："我很喜欢您讲的领导力课程，但我无法在实践中加以应用。我不是主要的领导者，而且我的上司充其量也就一般水平。"

这就是你现在的处境吗？你位于企业中层，你并非该企业最底层的小跟班，但也算不上身居高位。不过你仍想发挥领导力，实现自己的目标并做出贡献。

你不应受限于自己所处的环境或职位，做不成CEO照样能发挥领导力。即便你的上司平庸无能，你也可以通过学习，让自己的领导力影响到身边的人。秘诀何在呢？不管你在企业中处于何种层级，你都要学着开发自己的影响力，成为全方位领导者，你要学会向上领导、领导同事和下属。

很多人不理解全方位影响他人的含义，"他人"既包括你的上司，也包括你的同事和下属。有些人擅长领导小组成员，但是对企业中其他部门的领导者敬而远之；有些人与上司关系不错，但是对下属没有任何影响力；少数人可以与任何人融洽相处，但是貌似什么工作都搞不定；与之相反，有些人业绩突出，但不擅长与人相处。全方位领导者则情况不同，只有他们才能影响到企业各个层级的职员，助人助己。

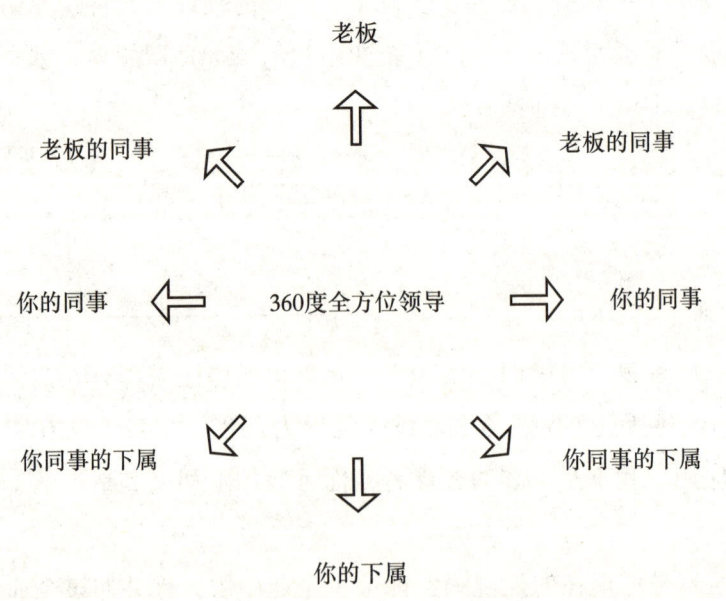

看到这里你可能会想：全方位领导，说起来容易做起来难！这话不假，但并不是不可能。只要你拥有中上的领导技巧，而且愿意勤学苦练，那你一定能胜任全方位领导。因此即使满分为10分，你只给自己打5分或6分，你也能提升自己的领导力，对企业任何层级上的人产生影响。

想要实现全方位领导，你要学习3种不同的领导技巧。对于怎样向上领导、领导同事和下属，你能有自己的想法，本书旨在帮助你更准确地来评估这些技巧，因为它能帮助你规划个人领导力的发展。在深入探讨之前，我们还要解决其他问题，首当其冲的就是关于中层领导力的7个误区，这些误区可谓"广为流传"，这正是本书第一节的主题。

误区一　职位误区

不居高位，无法领导

在我看来，关于领导力最严重的误解就在于，人们通常认为领导力仅仅来自某个职位或头衔，实际上这种想法大错特错，就算不能在某个团队、部门、企业或机构中担任领导者，你照样能发挥领导力。如果你认为领导力非"一把手"莫属，那你就陷入了职位误区。

身居高位并不会自然而然地使每个人都成为领导者。《领导力21法则》一书中的"影响力法则"论述得很清楚：衡量领导力的最佳标准就是影响力。

我大多数时间都在志愿者机构担任领导者，因此我看到无数人陷入职位误区。如果有人受此误导，在团队中被视为潜力领导者，而他又得不到某种职位或头衔，无法在其他团队成员面前标榜自己的领导地位，这样一来他就会非常无所适从。他不会努力与其他团队成员深化关系，自然获得影响力，而是期待着现任领导者赋予他权威与头衔。长此以往，潜力领导者们的郁闷与日俱增，最后只好加入另一个团队、换一个领导或者干脆另谋高就。

受这种模式影响的人并不理解高效的领导力是怎样运作的。如果你读过我写的关于领导力的其他书籍，你就会了解判断领导力的工具，也就是我所说的"五层领导力"，我在《中层领导力：自我修行篇》中也提到过。这种工具展示出了领导力等各项能力的动态发展过程。可能部分读者对此并不熟悉，下面我再简要介绍一下。

5. 人格魅力

敬佩（Respect）
人们追随你的原因是你具有人格魅力和代表意义。

注意： 花费数年培养人才并经营企业的领导才具有这种特质。其他人很难成功，能做到这一点的人可谓出类拔萃。

4. 人才培养

复制（Reproduction）
人们追随你的原因是你为他人付出。

注意： 长期发展由此而来。你为培养领导者做出的努力将促进企业和成员不断进步，应竭尽所能实现并保持这种状态。

3. 绩效

成绩（Result）
人们追随你的原因是你为企业做出了突出贡献。

注意： 在大多数人看来，这就是所谓的成功。他们崇拜你和你的表现。因为你动力十足，所以很多问题迎刃而解。

2. 认可

人际关系（Relationship）
人们追随你的原因是他们愿意这么做。

注意： 即使你权威度不够，人们仍然愿意服从。这种情况下工作通常会充满乐趣。但需要注意，如果你长期得不到晋升，热衷跟随你的人将会产生不满情绪。

1. 职位

权利（Right）
人们追随你的原因是因为他们别无选择。

注意： 你的影响力绝不会超越职权范围。这种状态持续时间越长，员工流动率就越高，士气也会不断下滑。

领导力是动态变化的过程，为了得到这种权利，你必须和遇到的每一个人建立关系。你在"领导力台阶"上的位置取决于你和某些人的关系，在与所有人打交道时，我们都要从五级台阶或五个层次的最低层做起。

最低层（第一层）是职位影响力。你只能从自己现有的职位出发，生产线工人也好，行政助理也好，售货员、领班、牧师、经理助理等什么都好。这个头衔会带给你一些权利，但是如果你仅仅通过这个职位来影响他人，而不是做出努力提升自己的影响力，那人们只能被迫服从，而且只会服从你职权范围内的命令。你的职位越低，你手中的权利就越小。不过别灰心，你完全可以超越头衔或职位，提升自己的影响力，从而沿着领导力台阶"更上一层楼"。

如果你上升到第二层，你就能超越自己的职位发挥影响力，因为你能与下属建立信任。你尊重他们，以人为本重视他们的价值。你不仅关心他们为你和企业完成的工作，更关心他们自身。正是因为你的关心，他们才会更加信任你，因此他们认可你的领导。换句话说，他们心甘情愿遵从你的领导。

第三层是绩效层。你在工作中业绩突出，因此在领导力台阶上更进一步。如果你的下属因你对团队的贡献而顺利完成工作，那他们就会更加依赖你，希望你指引前进的方向。人们服从你的原因是你为企业做出了突出贡献。

想要上升到第四层，你要学会培养他人。因此，这一层就叫作人才培养层。你要将精力倾注到下属身上，成为他们的导师，帮助他们开发领导技巧、强化领导才能。实质上，你所进行的工作是对自身领导力进行复制。你尊重他们，为其创造新的价值并促使他们越来越重要。在这一阶段，人们服从你的原因是你为他人付出。

第五层也就是最高层——人格魅力层，不过这一层并不是所有人经过努力都能达到的，因为这个目标不在你的控制范围之内。只有他人才能将你推举至此，而原因就在于长期以来你带领他们从第一层上升到第四层，因此你当之无愧成为第五层的领导者。

选择比职位更重要

潜在领导者可以通过"五层领导力"来增强对他人的影响力，他们理解这一动态过程后就会认识到，职位跟真正的领导力毫无关系。每个人都必须在企业中身居高位才能与他人融洽相处，才能保证其他人乐于和他们共事，他们一定要得到"一把手"的头衔才能做出成绩并帮助他人提高绩效，他们一定要成为总裁或首席执行官才能指导下属像领导者一样观察、思考和工作吗？这些问题的答案当然是否定的，影响力的决定因素是你的选择而不是职位。

> 领导是一种选择，而不是一个职位。

你可以在企业的任何层级上领导他人，做到这一点你就能促进整个企业的进步。大卫·布拉克（David Blake）作为一个中层领导者，多年来影响了很多人。他目前在一个大型教堂中担任执行总监。他说："如果组织的中层'无为'，会让高层领导在推进事务上产生更多负担，对某些领导而言，这种中层更像一个累赘。中层领导者可以对一个企业产生深远的影响。"

企业的任何层级都需要领导者，关键就在于，领导是一种选择，而不是一个职位。不管你在哪个层级，只要你做出选择，你就能够成为领导者并有所作为。

误区二 目的地误区

身居高层之后再学习怎样领导

我的撰稿人查理·维瑟（Charlie Wetzel）在2003年决定实现10年前自己设定的目标：他下决心跑一场马拉松比赛。如果你见到查理，你一定猜不到他是一个跑步运动员。田径杂志中有一篇文章称，一位高5英尺10英寸（1.78米）的长跑运动员，他的体重应该是165磅左右（75公斤）。查理的体重大概为205磅（93公斤），但是他经常跑步，每周平均跑12～20英里，而且每年都会进行两三次10千米长跑。他选中了芝加哥马拉松比赛并下决心参赛。

你以为查理在开赛当天来到芝加哥市中心，站在起跑线前，才开始思考应该怎样跑马拉松的吗？开什么玩笑，他可是提前一年就开始准备了。他读过美国各地关于马拉松的报道，发现10月中旬在芝加哥举行的马拉松，开赛时通常风和日丽，那里的跑道最方便、最平坦，而且当地马拉松观众素质最高，在美国享有盛名。对第一次参加马拉松比赛的运动员来说，芝加哥最合适不过了。

另外，他开始学着进行马拉松训练，阅读文章，浏览网页，与马拉松运动员交流。他甚至找来一位参加过两次马拉松比赛的朋友，在10月12日来到芝加哥和他一较高下。他在4月中旬就开始准备，每周增加跑步里程，最后在其他训练之外，还两次成功跑完20英里。因此在比赛日到来时，他已经蓄势待发，最终成功跑完全程。

领导力如同跑马拉松比赛，如果你想成功，就需要在坐上领导的位子之前尽你所能学习领导力技巧。在社交场合，人们经常问我从事何种工作，我告诉他们我是作家和演说家，有些人对此感到好奇不已，会问及我写书的内容，当我告诉他们领导力研究之后，这些人的反应会让我发笑，比如："好吧，我当上领导之后就读读你的书。"我真想告诉他们："如果你读过我的书，或许你早就变成领导者了。"

杰出的领导力是在实践中学到的。在任何职位上尽自己所能发挥领导力，这为领导者带来了更加重大的责任。想要成为一个优秀的领导者，你必须活到老学到老。在事情不大、风险较小时，你如果不磨炼自己的领导技巧与决策能力，那碰到后果严重、影响深远、风险巨大的情况，你很有可能面临困境。小范围内的错误很容易得到修正，但是身居高层，你犯下的错误有可能令企业元气大伤，同时降低你作为领导的信誉。

怎样把自己打造成自己所期待的人呢？从现在开始，你要采纳观点，学习技巧，并按照自己构想的那个人培养习惯。别再做"终有一天我会身居高位"这种白日梦了，还是今日事今日毕，为明天做好准备吧。篮球名帅约翰·伍登（John Wooden）曾说过，"机会到来才着手准备，为时已晚"。如果你想成为成功的领导者，在成为领导之前先学习怎样领导吧。

误区三　影响力误区

身居高位，人们自然服从

我曾经读过一个故事，伍德罗·威尔逊总统（Woodrow Wilson）有一个女管家，她总是抱怨自己和丈夫的地位不高。有一天她听到消息，劳动部长辞职了，于是她找到总统。

"威尔逊总统，我丈夫正是这个空缺职位的不二人选，他是一个劳动者，明白劳动的含义，而且理解劳动人民，您任命新的劳动部长时请给他一个机会。"

威尔逊回答说："谢谢你的举荐，但是你别忘了，劳动部长这个职位事关重大，它需要一个颇具影响力的人。"

女管家回答："话虽如此，但是您任命我的丈夫为劳动部长后，他就会成为一个有影响力的人。"

不具备领导经验的人总是高估领导头衔的重要性，比如威尔逊总统的女管家。她认为领导力是掌权者的赏赐，但是实际情况并非如此。你可以赐予某人职位，但你无法赐予他真正的领导力，领导力的获得只能靠自己。

> 你可以赐予某人职位，但你无法赐予他真正的领导力，领导力的获得只能靠自己。

职位能给你提供机会，让你尝试着发挥自己的领导力。刚开始人们可能对你有所怀疑，不过这对你也没有坏处。假以时日，你便能发现自己的影响力有所提升，或者变得更糟了。优秀的领导者能够超越职权范围影响他人，差劲的领导者只会使影响力不断缩水，甚至低于职权范围。别忘了，职位无法塑造领导者，但是领导者可以塑造职位。

误区四　经验不足误区

身居高位我就能掌控一切

你是否经常说这样一句话："你知道吗，如果是我负责，我们才不会这样/那样呢。""如果我是领导，事情一定是另一番局面。"如果你说过这种话，那我会告诉你一个好消息和一个坏消息。

好消息是你想要对企业进行优化，而且相信自己能够胜任这份工作，这通常是领导者的重要标志。领导力演说家安迪·斯坦利（Andy Stanley）说过："如果你是领导，手下有几个小领导，那他们都会认为自己比你做得更好。他们确实如此（就像你一样），这种想法没错，它只是领导力的表现形式。"渴望创新、提升、创造并积极寻找更好的途径，这些都是领导力的特征。

坏消息则是，你缺乏在某个企业中身居高位的经验，很可能高估你作为领导者的控制力。你的企业越大，你所在的职位越高，你就越能意识到很多因素对企业起控制作用。真正成为领导者之后才会发现，你需要调动自己能力范围内的一切影响力。你的职位不会帮助你掌控一切，也不会保护你。

就在我写作本书时，爆出的一则商业新闻，恰好能为这一事实提供佐证。或许你对卡莉·菲奥莉娜（Carly S.Fiorina）这个名字并不陌生，她是全国最顶尖的经理人之一。1998年，《财富》杂志提名她为美国最具影响力的女企业家。当时她还是朗讯科技公司全球服务供应业务部的总经理，但不久之后摇身一变成为惠普公司的首席执行官，当时惠普在全美公司中排名第11位。

2002年，菲奥莉娜走了一步险棋，希望为企业赚取大把钞票。她促成了惠普和康柏电脑的合并，试图增强竞争力，超越第一大竞争对手戴尔。可惜的是，合并两年以后，利润和收益并未达到预期。直到2004年12月，菲奥莉娜感到未来一片渺茫。但是面对转行进军政界的传闻，她回复道："我是惠普的首席执行官，我热爱这个公司，热爱我的工作，我不会放弃。"然而两个月之后她的职业生涯就走到了尽头，因为惠普公司的董事会要求她辞职。

认为高层领导的工作比较轻松，就如同认为看不见的篱笆另一边的草更绿一样。他们面临一系列的问题和挑战。不管你在组织中处于什么地位，影响力永远是领导力的核心。

误区五　自由误区

成为领导后我就无拘无束

在我看来,人们对领导力的理解存在误区,很多人认为它能够通向"无拘无束",领导力能为他们解决工作和事业中的难题,不过身居高位并非灵丹妙药。

你认为身居高位就能使你的生活大为改观吗?你是否经常对此浮想联翩?

如果我成为领导,那我一定能把所有事情做得更好。
如果我爬上企业的最高层,我就高枕无忧。
如果我持有企业的所有权,我就能为所欲为。
如果我发号施令,我就无拘无束。

如果你拥有一家企业或者在某个企业中担任过领导者,那你就会发现这些想法不过是幻想而已。"一把手"并不意味着无拘无束,它并不会完全释放你的潜力。不管你从事什么工作,处于什么职位,你的能力都是有限的。这就是生活。

在企业中你的职位越高,责任就越大。随着你不断晋升,你会发现相对于你手中的权利,你所肩负的责任增长得更快。职位升高,期望值升高,压力增大,你做出的决定也事关重大,你必须将这些因素考虑在内。

> 随着你不断晋升,你会发现相对于你手中的权利,你所肩负的责任增长得更快。

我们可以举例进一步说明。假如你是销售人员,而且对销售得心应手。你销售业绩突出,与客户关系融洽,每年都能为企业贡献500万的利润。身为销售你很自由,可以随时上下班。就像其他销售员一样,可以在家办公。只要客户和企业满意,你什么时候工作都无所谓。你能够按照自己的方式进行工作,即使出现差错也能轻而易举地进行修补。

现在假设你成为销售经理,管理着6个销售员,他们从事着你过去的工作。你受到的限制比以前更多,你无法随意安排自己的上下班时间,因为你要适应6个销售员的工作时间,而销售员还要适应客户的时间。如果你是一位优秀的领导,你就会鼓励下属按照他们自己的方式工作,从而激发他们的潜力,这样一来就增大了你的领导难度。另外,你肩负着贡献3000万利润的重担,这个职位为你带来了巨大的财务压力。

假如你继续晋升,成为部门经理,那人们对你的要求会更多。而且你要与很多不同的部门合作,每一个部门都有自己的问题、技巧和文化。优秀的领导会走到下属中间,与他们进行交流、达成共识,也会授权他们,以促使他们取得成功。因此在一定程度上,随着你的晋升,你的自由度有减无增。

我教授领导力时经常使用下面的图表来启发潜在领导者,随着他们在企业内部的晋升,他们的权利只会减少,不会增加。

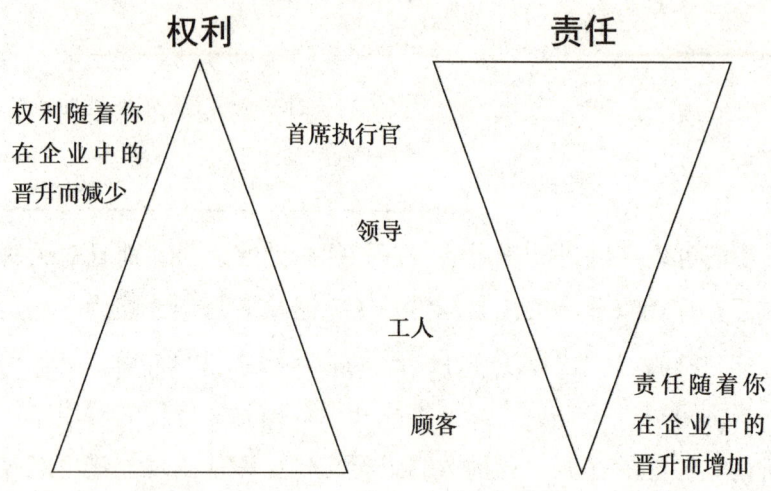

消费者非常自由，没有人会限制他们的活动。他们对企业不负有任何实际责任。职工对企业负有责任，领导者的责任更重。因此领导的自由就受到了限制。这是一个他们自由选择的限制，他们所受的限制与选择几乎一样多。如果你想提高工作效率，那有一个好办法：学习领导力能够帮助你充分释放潜力。

误区六　潜力误区

身不在高层就无法发挥潜力

没有小朋友立志长大后要成为美国的副总统。如果一个孩子在政治上雄心勃勃，他一定会立志成为总统。如果他对商业颇感兴趣，那他会立志成为老板或首席执行官。从来没有人立志成为中层领导者。实际上，几年之前，有家求职网站制作了一则电视广告用来嘲讽这种想法，广告中一群孩子说："长大后我想成为档案管理员。""我要步步高升成为中层领导。"

然而实际情况是很多人永远无法成为企业的高层领导者，他们只能在中层度过职业生涯。人们应该随遇而安吗，还是在事业中力争上游，争取到达顶层？

> 我认为人们可以在游戏中力争上游，在企业中就不必如此了。

我认为人们可以在游戏中力争上游，在企业中就不必如此了。每个人都应该努力发挥自己的潜能，但是不一定非要身居高位。除了领导办公室，你还可以在其他舞台上最大限度地发挥影响力。美国前副总统迪克·切尼（Dick Cheney）就是一个典型的例子。他政绩辉煌：福特总统的白宫办公厅主任，连续六届担任怀俄明州国会议员，老布什总统的国防部长，以及小布什总统的副总统。他资历丰富，完全可以竞选美国总统，但他知道美国总统这个职位并不适合他。《时代》杂志上有一篇文章这样描述迪克·切尼——

> 迪克·切尼曾就读于怀俄明州卡斯珀市纳特罗纳县高中，当时他是一名身体结实的橄榄球运动员，担任着高年级学生会主席，成绩也不错，但他不是明星。他默默无闻，保持低调，支持着"闪闪发光"的队友，需要他时就挺身而出解决困难。在迪克·切尼辉煌的职业生涯中，他一直在扮演这个角色……切尼的成功源自于他秉持谨慎、高效的态度，为高层领导充当忠诚的谏言者。他脑海中曾经闪现手握大权的想法，也就是参加1996年的美国总统竞选，不过这种高调上台的想法与切尼的天性相悖，因此他放弃了竞选，将目光转向商界，认定自己会一直从事这样的工作直到退休，然后将大把时间花在打猎和钓鱼上。不过小布什总统的想法跟他不同，他任命切尼为副总统，继续让他扮演最适合自己的角色。正如切尼的夫人在采访中所说，她的丈夫"从未想过自己会担任这份工作，但是回顾他的职业生涯，之前的一切似乎都为今天的职位做好了准备"。

虽然很少有人将"副总统"当成毕生的职业目标，迪克·切尼却在这个位子上发挥了自己的潜力。他工作效率高，而且知足常乐。担任前怀俄明州参议员阿兰·辛普森（Alan Simpson）助手的玫琳凯·希尔（Mary Kay Hill）曾与迪克·切尼在国会山共事，她这样评价迪克·切尼："他对任何职位都能得心应手，他在不同的环境中都拥有超强的适应能力和工作能力。"迪克·切尼就是全方位领导者的典型例子，他懂得在自己固有的职位上影响他人。

误区七　破罐子破摔误区

做不成领导者就不必领导

　　你将来有可能在企业中身居要职并成为领导者吗？恐怕大多数人永远没机会成为首席执行官，难道他们就应该彻底放弃领导力吗？

　　有些人确实如此，他们审视整个企业发现自己永远无法晋升到高层，于是便半途而废，他们的态度是"如果我在球队当不成队长，我就干脆带着我的球回家"。

　　还有些人在企业中职位较低，在学习领导力的过程中受到打击，原因就在于他们认为成功的标准就是"身居高位"，如果这段郁闷期持续时间过长，他们就会变得垂头丧气，愤愤不平。如果出现这种情况，那这些人只会成为企业的障碍，而不会推动自身发展和企业进步。

　　这时候旁观者可以提供什么好的建议给他们呢？

　　想一想2005年8月刊登在《财富》杂志里面的6个人吧。在报道里，虽然他们被欢呼为民权运动的无名英雄，但是并没有证据显示他们参加过游行或一起吃过饭。他们的贡献以及他们的斗争都发生在公司化的美国。他们成为一些大企业的主管，如埃克森公司、菲利浦·莫里斯公司、万豪集团、通用食品公司。

　　克里夫顿·沃顿（Clifton Wharton）是历史上第一个执掌大型公司（美国教师退休基金会）的黑人首席执行官，他说："戈登·帕克斯（Gordon Parks）曾说过一句名言，'选择武器的自由。'从斗争的角度来看,你总有选择武器的自由。我们当中的某些人选择使用武器战胜别人,而有的人则选择战胜自己。"

当沃顿与其他先驱者达尔文·戴维斯(Darwin Davis)、詹姆斯·艾弗里(James Avery)、李·阿彻(Lee Archer)、"老伙计"詹姆斯·沃德(James "Bud" Ward)和乔治·路易斯(George Lewis)等人,在20世纪五六十年代进入公司化的美国时,他们认为自己有多少机会成为埃克森公司、通用食品公司、万豪集团与菲利浦·莫里斯公司的首席执行官呢?可能性微乎其微。艾弗里刚进埃索公司(埃克森公司前身)时,他甚至不被允许和其他人共用洗手间和饮水机。然而他的目标是成为领导者,这种愿望与他第一次的职业选择——教书密切相关。但是在1956年埃索公司一位高层主管找到他时,他改变了自己的职业规划。

"我喜欢当老师",艾弗里说,"但是如果我能穿衬衫打领带到一家大公司工作,那就更棒了。"艾弗里克服了重重障碍和歧视,作为领导者大放异彩,他晋升为高级副总裁,并于1986年退休。

詹姆斯·沃德成为万豪集团的高级副总裁,并在这个职位上退休,他也有类似经历。比尔·马里奥特(Bill Marriott)聘任他为集团副总裁,使他成为酒店这一行的第一位黑人副总裁。在万豪集团二十多年的领导生涯中,沃德开设了350家饭店,协助开发万豪庭院连锁饭店,并且管理着公司的信息科技团队。

沃德认识到了自己带来的影响。"这是一把双刃剑。"他说,"不管我是高昂还是低落,我都会影响到其他人,他们都会被我所传达的信息所影响,这就是我的影响力。"

这些人和其他很多人的所作所为都带来了深远的影响。在同一期的《财富》杂志中有个叫《多样化名录》的特刊,里面列举了全美最具影响力的非裔、拉丁美洲和亚裔美国人。其中大部分是首席执行官、总裁、主席或企业创办者。如果没有其他人发挥模范带头作用,他们要做到这些职位一定会面临更多的困难。

就算不在高位你也能出类拔萃。领导力不应是破罐子破摔的状态，如果你当不成领导而倍感沮丧时，请你不要放弃，因为你可以在组织的任何层面发挥影响力，即使你如同前面提到的6个人一样，面临了那么多的阻碍和歧视。

长期担任中层领导会遇到很多挑战，你可以通过学习来得心应手地应对这些挑战。高效的全方位领导者需要一些原则和技巧来向上领导、领导同事和下属。

我认为任何层级上的人都可以成为更优秀的领导者，提高领导力你就能对组织施加影响、改变他人的命运并做出重要贡献。就算不在高层你也能在组织的任何一个层级上学习影响他人的技巧，正可谓助人助己。

首先要学的就是怎样克服每一位全方位领导者共同面临的挑战，请翻到下一章，让我们开始吧！

回顾
中层领导者的7个误区

以下是对中层领导七大误区的简要回顾。

1. 职位误区：不居高位，无法领导
2. 目的误区：身居高层之后再学习怎样领导
3. 影响力误区：身居高位，人们自然服从
4. 经验不足误区：身居高位我就能掌控一切
5. 自由误区：成为领导后我就无拘无束
6. 潜力误区：身不在高层就无法发挥潜力
7. 破罐子破摔误区：做不成领导者就不必领导

第二章
中层领导者普遍面临的挑战

如果你在某个企业中担任中层领导者，那你一定面临着重重挑战。我认识的很多中层领导者都生活在沮丧和紧张中，甚至会冒出辞职的想法。我常听他们说，"我感觉自己在用头撞墙""不管我付出多少努力都看不到出路""我真的怀疑自己付出的努力都会付诸东流"。

如果你愿意坐下来跟我聊聊，并列举出你在公司领导他人时所遇到的问题，我保证你至少能列举出五六个。你甚至觉得能坐到今天的位置已经很不容易了。但是你可能不知道，几乎所有中层领导者都跟你一样，为相同的问题垂头丧气。每个在企业中层努力发挥领导力的人都面临着共同的挑战，所以你并不孤单。

我在上文中提到过，全方位领导是促进自身发展和企业进步的最好机会。但是，你应该先了解中层领导者普遍面临的七大挑战，然后再埋头学习"全方位领导原则"，真正做到向上领导、横向领导同事以及向下领导你的下属。清楚认识这些挑战，能够帮助你在中层游刃有余。即使你现在还不在领导之位，这些也是让你成为优秀的领导者的基础。

我相信这些挑战会让你感同身受。而且仅仅了解却不解决这些挑战是毫无意义的，因此我也会提供一些建议来帮助你。请继续阅读本书，你会找到答案来应对这些挑战，并做好充分的准备成为全方位领导者。

挑战一　压力挑战

困于中层带来的压力

成功应对压力挑战的关键：
学着忽略他人对你的限制而发挥领导力

企业的中层领导者面临着一个最大的难题，那就是不清楚自己的定位。作为领导者，你拥有权力和威信，你可以制定决策，也享有很多资源，你可以命令下属采取行动并指导他们工作。同时，在其他领域你却缺乏权威，如果做出逾越自己职权的事，你可能就会陷入麻烦之中。

我的朋友和同事丹·瑞蓝（Dan Reiland）将这种状态称为"看似大权在握却毫无实权"。如果你不是最高领导，即使你认为自己有远见，有能力，能够带领组织更上一层楼，但是公司却走了一条完全不同的道路。可惜你权利不够，无法以一己之力做出改变，这时你就会困在中层。

作为中层领导者，你手中的权利并不属于自己，除了企业的老板，其他人的权利都是上司赐予的，如果你被上司开除、降级或调动到其他部门，那你手中的权利就会被剥夺，这种情况将导致压力倍增。

压力的影响因素

每个中层领导者受到压力挑战的影响程度不同，这必然与个人性格与能力密切相关。除此之外，压力对领导者的影响与下面的几个因素也有关系。

1. 授权——上司授予你多少权力，要求你承担多少责任，权力和责任的界限是否清晰？

前美国海军舰长麦克·阿伯拉肖夫（D.Michael Abrashoff）在《这是你的船》一书中叙述到他如何通过授权，来提升"本福尔德号"驱逐舰（USS Benfold）上官兵的绩效。

> 刚接手"本福尔德号"时，我认识到包括我自己在内，没有任何一个人能决定一切，我必须培养自己的手下根据自我思考做出判断。授权也就是为下属划出职责界限，然后给予他们充分的自由。
> 那自由有什么标准，界限又如何划定呢？
> 如果决策有可能伤害他人，危及性命，浪费纳税人的钱或者对军舰造成损害，那下属就必须向我请示。只要不出现上述紧急情况，那下属就有权自己做出决定。即使决策失误，我也会支持他们。我希望他们能从自己的错误中吸取经验教训。
> 肩负的责任越大，他们的收获就越大。

并非人人都像阿伯拉肖夫的官兵一样享有自由，体验成功，甚至安全地失败。权利和责任的界限是否清晰，这在很大程度上决定着压力挑战对我们的影响。界限越是模糊,潜在的压力就越大。

如果你跟我情况相同,领导过非盈利组织,那你就会发现,手握大权的领导者和企业家在离开这个行业和他们的员工之后,也会直面压力挑战。作为顶层领导者,他们早就习惯拥有相等的权利和责任。他们放眼未来,指明方向并实现目标。当他自愿为志愿者组织工作时,那便不再拥有固定权利,而陷于中层领导的灰色区域中。很多人不知道怎样适应这种环境,尤其是当他们发现自己的领导才能超越组织中的最高领导时,那这种感觉尤其严重。此时,有一些企业领导者选择接手任务,朝着自己认定的方向前进;而更多的人会半途而废,回到自己熟悉的领域。

优秀的领导者很少考虑界限,他们更关注机遇。

---

2. 主动性——你怎样才能既保持主动性又不越权呢?

优秀的领导者很少考虑界限,他们更关注机遇。他们是创造者,创造事物的能力是领导者的一个重要特征。有时候对主动性的渴望能够帮助他们增大责任、扩展权限,另一些时候这种渴望也会导致他们与上司发生冲突。

你必须认识到,一个人天生的主动性越强,潜在的压力就越大。如果你不断地冲击边界,那你很有可能触怒他人。如果你足够幸运,你所在公司每一层级的领导者都得到充分的授权,那假设你不断挑战公司的运行模式,同事们对你会有较高的容忍度。然而,如果你选择挑战公司的愿景或权威,那你就不用担心困于中层了,因为你会被踢出公司,被迫离开。

3. 环境——企业和上司的领导特点

每个组织都有其特有的环境，如果你曾在军队服役，那你进入企业时可不能指望它像军队一样运作；如果你曾在大型企业任职，那当你去一家家族企业时一定难以适应。这些都是常识。

同理，一个企业也会体现其领导者的性格特征。"本福尔德号"驱逐舰的领导特点在阿伯拉肖夫接管之后发生改变。他想创造出一种授权的环境，尊重创新和主人翁精神，企业将对表现出这些特征的人予以褒奖。阿伯拉肖夫在任期间，这艘军舰的工作环境中始终表现出这些特征。

如果你在企业中担任中层领导者，请评估你所在的环境会加重还是缓解压力挑战。面对现有的压力，你能否在企业中大展宏图？企业的环境对你而言会产生正面影响还是负面影响？

同样的环境对不同的领导者而言影响也不尽相同，只有你才能对自己进行评估。

4. 工作——你对自己的工作了解多少，怎样才能完成工作？

当开始一份新工作时，你留意过自己的压力有多大吗？你对工作越是陌生，你的压力就越大。即使你一学就会，勤学好问，但如果你不知道怎样完成工作，你仍会倍感紧张。如果不清楚他人对你的预期，就算知道怎样完成工作，你仍会惴惴不安。你必须清楚自己的工作从何入手，位于中层形成的压力才会有所缓解。

5. 赏识——你能在得不到"掌声"的环境中生存吗？

有人曾经说过："各国之间发生诸多冲突的原因就在于，很多国家喜欢大肆鼓吹，却不愿直面现实。没有国家甘当陪衬。"

组织的中层领导者需要面对一个事实，那就是你永远不会像顶层领导一样受到所有人的认可与赞赏。就是这么回事，作为中层领导者，你越渴望赞赏和认可就越沮丧。你必须做出选择，你的满意度足够高吗,它能否为你提供源源不断的动力?

怎样缓解压力挑战

中层领导面临着重重压力,仅仅认识到这一点是不够的。勉强维持不是长久之计,你必须不停成长。为了实现这个目标,你需要学习如何缓解压力,笔者在下面列出了5条建议。

1. 坦然接受

人们通常认为高层领导的工作轻而易举,实际上当你有一个出色的上司时,做中层领导会更简单。出色的上司为下属开疆扩土,并为整个企业提供源源不断的动力。正是因为高层领导对整个企业运筹帷幄,使资质平平甚至能力欠佳的次级领导者也能成就一番业绩。正是因为得高层领导相助,员工才能拥有不断前进的动力。

如果你的上司出类拔萃,你无需太多技巧和精力就能完成工作任务。更何况还可以从领导那里学到很多东西。我非常喜欢海伦·洛丽(Helen Laurie)写的一首诗——

> 无数次我置身挑战中,
> 为了从第二变成第一。
> 直到有天我醒过来时,
> 明白第二位才是最好。

只要相信上司的眼光和想法,那身在中层也不失为一件好事。

那你怎样才能在中层得心应手呢?其实和你自己的期望密切相关:期望和现实之间的差距越大你就越失望。尝试多与上司沟通交流吧!你越了解上司的期许,越清楚企业的规章制度,越明确自己的权力范围,你便会越坦然。

坦然和期望密切相关。

---

2. 知道该放下什么

只有明确的责任的界限才能缓解我们的压力。1981年我曾在加利福尼亚州的地平线教会担任主任牧师,在上任之前我就意识到必须进行自我管理(高层领导仍然可以说是"中层",因为董事会是我的上司)。我请董事会成员为我列出责任清单,注明我需要去做的任务。这些任务可以总结为四点。

- 承担最终责任。我对教堂中发生的一切事务责无旁贷。
- 担任最主要的传播者。教堂做礼拜时,由我来决定宣讲的内容,而且只要我不是卧病在床,就应该每个礼拜天都坚守在讲坛上。
- 充当教堂的代言人。在集会或教区中,我的一言一行都代表着教堂。
- 正直诚信。企业家兼作家伯德·贝吉特(Byrd Baggett)认为,"诚信"就是"言出必行,不折不扣"。对传达上帝旨意的教堂领导者而言,言而有信至关重要。

对你而言最佳的做法,就是询问上司对你的期待,并且持续与上司密切沟通。汤姆·穆林斯(Tom Mullins)是佛罗里达州西棕榈滩基督教会的主任牧师,他的儿子托德·穆林斯(Todd Mullins)是帮助父亲管理教堂的工作人员。托德发现在这个极富不稳定因素的环境中,不断交流能够帮助员工缓解压力。汤姆经常在全国各地演讲,他回到教堂之后，又会回到最高领导的角色上。于是托德学会了问这样一个问题，"现在是你负责还是我负责？"（在这种情况下，与上司交流就成为员工的责任）这样一来，当汤姆回来之后，托德便会礼貌地退回幕后，将一切交给汤姆来管理；或者会礼貌地提醒汤姆，不要涉足他并不想真正去领导的领域。

3. 找到快速解决问题的方法，摆脱陷于中层的困扰

行政助理恐怕是中层领导中烦恼最多的，他们每天都面临着巨大的压力。我的行政助理琳达·艾格思(Linda Eggers)就是如此。她代表我与客户打交道，这些客户要求严格，而且我的要求也很严格。我给琳达最佳的帮助就是尽早把信息传达给她。如果她有问题问我，那我尽量马上回答她。当我出差超过一天时，我便会主动打电话给她，让她有时间与我询问和商议一些问题。我尽力减少她等待的时间，这样她就能提高工作效率。

每个身处中层的人都需要找到一个可以提供快速解答的通道。如果你的上司不爱交谈，那实现这个目标可谓困难重重。在这种情况下，你必须寻找其他可以帮助你的人。这个过程要花费很长时间，而且你必须与周围的同事拥有良好的关系。随着你不断学习全方位领导技巧，这个目标对你来说也就不在话下了。

4. 不要滥用职权，挥霍上司的信任

如果你滥用职权，辜负上司的信任，蓄意诋毁上司或中饱私囊等，那你一定会在压力挑战中一败涂地。大卫·布兰科(David Brank)是佛罗里达州杰克逊维尔市一家大型企业的执行董事，他说过这样的话："信任虽是一砖一瓦堆砌起来的，但是受到冲击时，倒塌的会是一整面墙。"你得到授权之后应该代表上司行使职权，而并非牟取私利。领导者在行使职权的过程中，他们的人品和诚信都会受到检验。

> 信任虽是一砖一瓦堆砌起来的，但是受到冲击时，倒塌的会是一整面墙。
>
> ——大卫·布兰科

作为中层领导者，面对上司给你的授权，你能否维持这种权威，这完全取决于你对他的忠诚度。因此，你要杜绝"牺牲上司的利益来发展自己"这类想法，也应该尽力避免与同事讨论"如果我是领导"之类的话题。如果你和上司有矛盾，那一定要通过交流沟通加以解决。

5. 想方设法缓解压力

面对压力挑战，你无法彻底摆脱，但可以想方设法加以缓解。罗德·罗伊(Rod Loy)领导着阿肯色州小岩城的一家大型企业，他在担任中层领导时建立了一份档案，名叫"如果我成为最高领导，我绝不会这样要求下属"。他知道中层领导跟同事一起抱怨上司是人之常情，他将这种习惯进行折中，把自己的见闻记录下来并保存在文件中，借此来发泄自己的挫败感。这种方法帮助他澄清了误会，避免辜负上司的信任，同时上司犯下的错误也为他提供了前车之鉴。

也许这种方法对你也有效。如果不好用，那你就另寻他途：高尔夫、慢跑、拳击、有氧运动、散步、按摩等，只要方法健康，有效，能帮助你在压力过大时进行排解，那什么方法都无所谓。

全方位领导者并不好当。中层领导面临着重重压力，高层领导的压力更甚。底层的员工对自己的工作方式没有发言权，同样苦不堪言。成功的关键就在于从自己固有的职位出发，学着缓解压力、战胜困难并充分利用优势和机遇。如果能做到这一点，那你在企业的任何职位上都能得心应手。

挑战二 挫败感挑战

上司平庸无能

> 克服挫败感挑战的关键：
> 你的工作不是弥补上司的缺点，而是创造价值。
> 如果你的领导不愿改变，就改变你的态度或者换工作

在美国南北战争中，南方各州政府组成的联盟已连续奋战了四年，争取脱离美国联邦政府而独立。在1865年2月6日这一天，南方联盟议会通过了一项决议，任命原北弗吉尼亚州总指挥罗伯特·李(Robert E.Lee)为全国（南方联邦国）军队总司令。

为什么南方各州的领导做出这样的决定呢？因为他们认为李将军是一位杰出的军事领袖。但他的上司，也就是南方联盟的总统杰弗逊·戴维斯(Jefferson Davis)却资质平平。南方各州仍然希望脱离美国联邦而独立，赢得他们所谓的第二次美国大革命。

大部分人认为在美国内战期间，李将军不论为南北哪一方效力，都会成为最杰出的军事领袖。实际上，在南方各州宣布脱离联邦政府时，林肯总统就曾邀请李将军出任内战联邦军队总指挥。但是李将军回绝了，他只忠于故乡弗吉尼亚州，因此选择效力于南方邦联。李将军毕业于西点军校，身经百战，经验丰富，他很快在战场上崭露头角并成为北弗吉尼亚州军队总指挥。

双方交战正酣，南方邦联节节败退，其领导人如坐针毡。他们

发现杰弗逊·戴维斯虽然也毕业于西点军校，从军期间功勋卓著，曾担任过众议员、参议员和国防部长，但是他领导水平十分有限，无法率领导南方联邦取得胜利。很多南方邦联领袖希望任命李将军为战时军队总指挥，以削弱戴维斯的权威并最终收回他的军权。但是李将军并不同意这个任命，他只忠于故乡、使命和上司，严格遵循权利等级。最后，南部邦联出于无奈，任命李将军为军队总司令，希望他能够扭转战局。

在很多优秀的领导者看来，李将军的领导能力胜过其上司。就连他的对手都这样认为，其中包括当时还是将军，后来成为总统的尤利西斯·格兰特(Ulysses S.Grant)。格兰特在回忆录里这样写道："南部邦联也取得了不少成就，但是这些成就与戴维斯无关，应该归功于罗伯特·李，只有他才能为人民造福。"李将军认为不越权是一种美德，但这却成为南方邦联输掉战争的原因之一。李将军忠心耿耿，值得尊敬，但是如果他具备向上领导的能力，战争的结果也许就并非现在这样了。

平庸无能的上司

一位优秀的中层领导，被迫听命于一个平庸无能的上司，这种情况最让人抓狂。虽然李将军听命于杰弗逊·戴维斯的感受并没有任何记录。也许他过于绅士，不愿向他人抱怨，但我猜他一定饱受困扰。

平庸无能的领导者情况各异，但是每一种都令下属感到沮丧。下面是几个典型的例子。

1. 多疑型领导

多疑型领导认为事事都与自己相关，因此总是以自我为中心来审视每一个行动、每一条信息和每一个决定。如果团队中出现优秀的下属，那领导就担心被别人抢了风头，因此尽力限制下属的发展。当团队中出现某个成员表现差劲时，这些领导又会因丢面子而勃然大怒。

> 多疑型领导认为事事都与自己相关，因此总是以自我为中心来审视每一个行动、每一条信息和每一个决定。

多疑型领导最突出的特点就是限制其他人的发展。比如某家企业的总裁给人力资源部经理留了一条备忘："搜索整个企业，如果出现上进心强、能够接替我职位的年轻领导，那就把他们揪出来，然后开除。"

我在写作本书时与一个朋友交流过，他说自己之前的一个上司懂得领导力的首要原则，那就是保持每个员工的危机意识，如果他手下的员工略显安逸，那他就对员工进行刺激。但请记住，在一个企业中，安全感是从上而下进行传递的。如果上司多疑，那他通常会将这种危机意识传给下面的员工。

如果你为多疑的人工作，你既需要努力克服领导多疑对你的影响，又需要努力"打破束缚"，为下属创造稳定的工作环境。如果你做不到，那你的下属可要遭殃了。

2. 目光短浅型领导

目光短浅的领导为下属带来了两大亟待解决的问题。首先，这样的领导没有能力指明前进的方向并提供动力。在《旧约圣经·箴言篇》中有这样一句话："目光短浅,终将灭亡。"这样说的原因在于目光短浅的人只能故步自封,不会采取任何行动,因此他们没有出路。第二,缺乏远见的人也缺乏热情,他们没有目标,也没有源源不断的动力来鼓励自己和下属奋斗。这样就无法形成积极的工作环境,保证每个员工都乐在其中。

不过也别灰心,如果身为中层的你有愿景而上司目光短浅,你可以按照自己的愿景为下属创造一个高效、成功的环境。不过有一个弊端在于,如果你的其他同事拥有不同的愿景时,即便那是个毁灭性的愿景,也能填补你的上司所缺失的部分,你必须做好心理准备。

3. 能力欠佳的领导

几年前我到土耳其旅游,导游讲述了土耳其历史上多个苏丹残忍地压迫人民的故事。如果有人令苏丹不顺心,那苏丹就会不分青红皂白对他处以死刑。

导游讲到曾经下令在伊斯坦堡修建蓝色清真寺的苏丹,要求用黄金建造尖塔。但问题在于,建造师知道资金不足,但也清楚违背苏丹的旨意要掉脑袋。进退两难的情况下,建筑师想到了一个好办法——在阿拉伯语中,"六"和"金"发音相似,也就是alti和altin,于是建造师用石头建了六座尖塔。当苏丹质问他时,建造师假装一片茫然,然后解释说自己误把"黄金"塔听成了"六座"塔。

面对平庸无能的领导时,虽然后果没有故事中那么严重,但我们也会像那位建造师一样倍感压力。能力欠佳的领导无法胜任工作,而且往往不知道量力而行。诗人兼评论家塞缪尔·约翰逊(Samuel Johnson)说过:"忠言逆耳,那些最需要建议的人往往也是最排斥建议的。"

> 忠言逆耳，那些最需要建议的人往往也是最排斥建议的。
>
> ——塞缪尔·约翰逊

无能的上司会给下属制造麻烦，也会阻碍企业的发展。他们就像"井盖"一样阻碍下属发挥潜力。《领导力21法则》一书中的井盖法则提到"领导力决定着一个人的效率"。

4. 自私型领导

有着"商界教皇"美誉的汤姆·彼得斯(Tom Peters)在《重启思维》一书中说道：

> 自私型领导者在领导他人时会损人利己。他们相信人生是受目的驱动的零和游戏，一方有所得必然意味着另一方损失。他们希望他人成为游戏中的输家，方便自己享用所有的战利品。比如有些商人为了自己的利润而欺骗供应商。

> 自私型领导者在领导他人时会损人利己。
>
> ——汤姆·彼得斯

自私型领导利用身边的每一个人来达到自己的目的。我曾采访过一个资深经理人，他说起了之前的一位上司，总是自私地独吞职位带来的一切便利。这位经理人如今成为另一家公司的高层，吸取了这个教训，与下属分享便利。这个观点对企业中任何层级上的任何领导都有价值。将你的资源与下属进行分享。篮球名帅约翰·伍登说过,要获得成功,"你要有兴趣找到更好的方法,而不是墨守自己的方法"。

5. 善变型领导

林登·约翰逊(Lyndon Baines Johnson)总统曾经讲过一个年轻老师的故事,在大萧条时期,失业的他来到得克萨斯州丘陵地区找工作。当地学校的董事会问他地球是圆的还是平的。他大吃一惊,唯恐碰到陷阱,于是脱口而出:"圆的和平的我都能教。"

在你寻求决策时,这就是善变型领导的典型反应。面对一个善变型领导,下属永远不知道他会做出何种反应。因此,他们必须浪费大把的时间和精力来预测领导的下一步举动,而这些时间和精力完全可以用在工作上。

6. 政治型领导

政治型领导与善变型领导类似,他们也很难确定下一步的行动。不过两种领导的区别在于,善变型领导容易情感用事,而政治型领导则受到好胜心的驱动。他们根据政治野心而不是任务本身或企业的利益做出决策。就像一个市长被问及关于某个具体问题的看法,他回答说:"有些朋友支持我,而有些朋友反对我,不过我完全赞同朋友们的意见。"

7. 掌控型领导

你见过想要事事插手的领导吗?对能力出众的下属来说,这种领导最令人沮丧,也最令人恼火。试想,如果你的领导总是事必躬亲,打断你的工作,那你很难产生足够的动力。

这样的领导一般有两个成因:不切实际地追求完美,或是认为下属不可能把事情做得像他们一样好。归根结底是因为领导认为下属的贡献不如自身的贡献价值高。这两种想法都不能为下属创造积极的工作环境。

挫败感的解决办法：增加价值

面对挫败感时，人们通常的反应是纠正上司的错误或者另谋高就，但是这一点不适用于企业里的中层领导。不管外界环境如何，最大的限制因素在于我们自身的勇气，而不是上司。切记，性格和职位都是领导力的重要影响因素。一般情况下，中层领导的作用都是为企业、上司增加价值，除非你的上司违背了道德底线或者触犯了法律。

> 不管外界环境如何，最大的限制因素在于我们自身的勇气，而不是上司。

如果你的上司水平有限怎么办？在这样的环境中你怎样创造价值？很多优秀的领导在职业生涯中都会碰到这样的问题。实际上，你的领导能力越强，碰到能力欠佳上司的概率就越大。

这种情况很难对付，但是通过努力，你可以在这种环境中坚持下来，还有可能得心应手。以下就是我的建议。

1. 与上司建立牢固的关系

碰到能力欠佳的领导，很多人的反应是对他敬而远之，而你则要杜绝这种想法。如果你将上司视为敌人，那在与上司的博弈中你永远不会获胜。你应该试着了解上司，找到你们之间的共同点，并跟他建立牢固的工作关系。在这个过程中，你需要不断为实现企业的目标做出贡献，这么做可以让你融入团队之中。

2. 发现并欣赏上司的优点

每个人都有自己的优点，能力欠佳的领导也是一样。努力寻找你上司的优点，或许很难找到，或许他的优点并不是你重视或欣赏的，不过这些都无所谓。你需要做的是找到上司的优点，然后思考上司的优点对企业有何价值。

3. 努力使上司的优点增值

成功的途径在于充分发挥自己的优势，这一点也适用于你的上司。如果你认识到上司的优势以及这些优势对企业的价值，那就想方设法将这些优势发挥充分吧。

4. 得到允许后制定策略来弥补上司的不足

除了充分发挥领导的优势之外，成功工作的另一个秘诀在于补足缺点。作为领导，明智的做法是授权给下属，让他们来填补你的能力缺陷。例如，如果你不善处理细节，那就聘请一个细心的人跟你并肩作战。

这种填补空缺的办法同样适用于你的上司，但是你处理的方式必须要谨慎。如果上司不提，那你千万不要对他的缺点提意见；即使上司提起，你也要有技巧地回答。如果他主动告诉你他的缺点，你要私下问他是否愿意让你助他一臂之力。总之，就是要帮助上司完成不擅长的工作，从而保证上司充分发挥优势。

5. 为上司介绍优秀的领导力资源

如果你正在努力提升自己的领导技巧，你可能已经找到了很多关于领导力的学习材料，比如书籍、CD或DVD，把这些资源跟上司分享。再次重申一下，你所采用的方法尤为重要，千万不要说："看看这本书吧，你很需要它。"应该告诉你的上司："我最近读了一本书，我想你也会喜欢它的。"如果你发现书中的内容跟上司有联系或者对他有吸引力，你可以告诉他："我最近读到一本好书，然后就想到了你。作者和你有相似的背景，你可能也会喜欢这本书吧。"然后尝试把这本书送给他，如果他欣然接受，那你便可以继续送给他其他材料了。

6. 在公共场合赞扬你的上司

有些人担心称赞无能的领导会误导其他人，或者担心其他人会认为自己缺乏判断力。但是其他人也能够清楚无能的领导有哪些不足，只要你根据实际情况称赞上司的优点，那就不会对你产生不好的影响，实际上还会为你赢得别人的尊重。你对上司的赞扬，不仅能增强他的信心，同时也能增强你的信心。

长期而言，为上司和企业增加价值有百利而无一害，假以时日，他人会发现你的才能并重视你的贡献。他们会敬佩你成功的能力和帮助那些才能在你之下的人的事迹。你该做的事便是不轻言放弃，不屈于你现在所面对的挫折；但如果那些挫折越来越多，已经让你无法应对，难以招架，这时候也许便可以考虑换工作了。

挑战三　多重角色挑战

只有一人，却身兼数职

成功克服多重角色挑战的关键：
决定扮演哪个角色，然后享受这个过程

我在1969年第一次担任领导，但是直到1974年我才招聘了第一个下属斯坦·托勒（Stan Toler），跟他人共事我很高兴，因为我意识到自己不能独立完成工作。我雇用斯坦为助理牧师，这个职位看起来很简单，但是如果你问问斯坦，他肯定不这么认为。他曾经称这份工作为圣歌班指挥、年轻人的牧师、年长者的牧师、礼拜天学校主任、假期圣经学校主任、公共汽车部牧师、监护人和杂物总管（包括帮我去干洗店取衣服、为我的车加油）。斯坦的例子很典型，说明中层领导不得不面对多重角色带来的挑战。

多重角色造成的压力

像斯坦一样，企业的中层领导普遍面临着这个挑战。企业所有层级上的员工都面临着严格的要求，尤其是想要成为全方位领导的中层管理者，他们面临的压力更大。下面我会具体解释。

企业基层人员

人们刚开始在基层工作时，接受的任务寥寥无几。这些任务可能具有挑战性，对体力和智力要求较高，需要高超的技能加以应对。但是大多数情况下，他们只需要扮演一个角色。比如，亨利·福特（Henry Ford）发明了流水作业，每个岗位上的工人只需要重复完成一个动作。不过现在有企业想方设法为工人减少这种无休无止的重复。

比如一个厨师在一家饭店工作，岗位是烧烤流水线，那他的职责非常有限。顾客到来之前在厨房做好准备，烤熟食物供顾客点菜，烧烤结束后清理厨房。他的工作并非人人都做得来，这需要速度、技巧和毅力，但是生产线只需要一种技巧。同理，客服中心的客服代表主要从事一种工作——与客户交谈，推销产品，进行预约或者解决困难。当然这份工作也不是人人都能干好的，因为它还需要很强的耐心和责任心。

只要了解自己的工作内容并出色完成，那便可能成为行业内的翘楚。但是如果他们只具备而且只愿意运用这种技能，那大概不会向上发展成为领导。领导需要发挥才能，完成多项不同的工作，以运动来做比喻，这不像是单项的跑步，而是十项全能的比赛。

企业顶层人员

顶层领导也要面对特有的挑战。举个最简单的例子，企业是成是败都系于顶层领导。不过他们也有区别于中层领导的特权，他们可以选择自己想做的事。他们有权决定自己优先进行哪些工作，集中精力发挥优势，并合理配置资源，确保企业利益最大化。至于其他事情，他们完全可以委托给别人或者干脆否决掉。

讽刺的是，人们必须同时做好多项工作才能跻身领导层，但是他们必须将少数几项工作完成到极致才能成为顶层领导。实际上，成功的领导在从中层爬到高层的过程中就明白这个道理了。在我见过的所有首席执行官中，事业有成者都会集中注意力，专注于自己所擅长的某些领域。

企业中层人员

与基层和高层不同，中层领导每天都要面临多重角色的挑战。他们必须执行任务，而且要具备超越他们个人经验的知识，通常被迫以有限的时间和资源处理多种变的主次事物。我的朋友道格拉斯·兰特利特（Douglas Randlett）称之为"多面手综合征"。

> 中层领导每天都要面临多重角色挑战。

下面这个图表说明了中层领导所需要面对的动态情境。

```
          高层领导的要求
                ↓
客户要求  →   中层领导   ←  供货商的期望
                ↑
           下属的期望
```

比如，一位烧烤厨师想要晋升成为厨师长（在餐馆中主管厨房的人）。作为厨师，他只听命于厨师长，因此他只需要取悦厨师长一个人。但是作为厨师长，他每天都要管理整个厨房。因此工作内容发生了180度转变。作为厨师长，在供餐时他有很多具体工作，点菜单送到厨房，他要分别通知每个岗位上的厨师做哪道菜，他要协调每个厨师的烹饪时间，从而确保不同岗位的厨师能够同时烹饪好菜肴为整个餐厅的顾客供餐。他还要管理服务生确保顾客满意并帮助顾客解决问题。当服务生感受到顾客的要求和压力时，厨师长同样也能感受到。

厨师长的压力可不止这些，每个厨师都等待着他来领导，在供餐服务中，他决定厨房运营模式和供餐标准，还要安排上下班时间、发工资的时间及调节频繁发生的争端。

在餐厅的营业时间之外，厨师长还要负责从供货商那里采购食物，他看重质量和实惠，但每个供应商都对他有所期待，需要他的生意和时间。

当然，厨师长还要对餐厅的老板负责，他们都希望餐厅的生意可以经营得很好，不断取得增长。而作为烧烤厨师，他只有一种责任，很少与老板打交道，他见不到顾客，不用与供应商联系，也没有下属可以领导，他的生活非常简单。实际上，正是多重责任的挑战阻碍了人们在企业里的晋升，很多职员受不了多重责任的影响而宁可留在原位，不用扮演那么多的角色。

怎样应对多重角色挑战

比利·霍思比（Billy Hornsby）是美国基督教协会的创立人之一，也是欧洲领导力发展计划的主管，他说组织的中层领导者就像家里排行中间的孩子一样，这些管理者要学着与身边的每个人融洽相处，适应不同的"家族关系"——顺从、领导、劝诫、抚慰、合作等，这一点很难做到。

组织的中层领导者就像家里排行中间的孩子一样。

——比利·霍思比

那中层领导面对多重角色挑战应该怎样应对呢？我的建议如下。

1. 记住，与别人相处时你的职责决定了你的责任

你的每个头衔都带有其特定的责任与目标，如果你换掉头衔，那责任随之改变，你不会以同样的方式对待你的配偶和子女、上司和下属；而目标通常决定着你的角色和采取的方式。

2. 不要用一种角色的方法来完成另一个角色

在我出差时，我的助手琳达·艾格思经常参加企业高层领导会议，这样一来我就能第一时间知道企业的策略和重大变动，她手握大权，但她从来不会滥用她"沟通协调人"的身份来牟取私利；她也没有滥用"代言人"的权力，告诉企业其他管理者"老板不会同意"，来阻碍他们采取行动。她很清楚自己拥有重要的话语权。

同样，会后向我报告会议内容时，琳达小心谨慎，尽量公正而准确地转述他人的发言。她也会给出自己的观点，但是所言所行都尽量保持客观。

很多助手都像琳达一样扮演着多重角色，必须擅长在不同的场合扮演不同的角色，学会瞬间切换角色。这些人手握大权但是却从来不利用一种角色的能力来完成需要另一种能力的任务，他们用心经营每一种工作关系并严格遵循，这是一种需要平衡的技巧，而琳达掌握得恰到好处。

3. 转换角色时不要改变性格

我在上文中提到，不能用对待员工的方式对待你的配偶，但是不代表面对不同的人时，你也需要不断转变自己的性格。对所有人来说，你的态度和言行举止都应该相互统一，不要让人难以捉摸，否则你的同事们就会认为你不值得信赖。

4. 承担责任，演好每一个角色

罗德·罗伊成为高层领导之前，曾在一家大型企业担任经理。这家企业一度出现"高层领导荒"——在长达6个月的时间内，他为另外两个部门充当过渡期领导。为了避免错误，他设立了三个办公室。每天他会在经理办公室花五小时，只承担经理的责任，然后另一个部门的办公室待两小时，只处理那个部门的工作，最后花两小时在第三个部门，承担相应的责任。他为什么要这样安排时间呢？他发现如果某一天忽略了某个角色的责任，他就会落下进度。三个职位彼此分隔，他必须用跳跃性思维承担起三个角色的责任。

可能你不需要也不愿意承担那么多责任，但是如果企业需要你扮演多重角色，一定要确保不疏忽其中的任何一项。

5. 保持灵活性

应对多重角色挑战的关键就在于搞清楚何时扮演何种角色，并享受随之而来的挑战。怎样做到这一点呢？秘诀就是保持灵活性。企业的中层管理者面临着多重要求，因此不能一成不变，他们必须学会在尽可能快的时间里更换角色。

在企业中层，领导力的要求和实质不断变化，很多人热爱新的挑战并能够在这种环境中如鱼得水、动力十足，另一些人则难以适应。如果你想成为全方位领导，想在任何层级上事业有成并影响他人，那你必须学会应对各种不同的角色。

挑战四　自尊心挑战

埋没于中层

战胜自尊心挑战的关键：
始终表现出优秀的领导力终会引人注意

我全天教授领导学课程时，经常有人在课间休息时找到我说："您真厉害！我要是像您一样就好了！"我承认我的工作能力很棒，但是我会告诉那个人："如果你想坐上我的位子，你愿意像我一样付出艰辛的努力吗？"人们只看到了我成功的一面，也就是我30年来奋斗的成果，看到了灯光明亮的讲台、人山人海的观众和热情欢呼的接待，可别天真地认为我始终一帆风顺。

刚开始教授领导力时，我开着福特汽车去讲课，学员只有十来个人，而我没有任何报酬。我为他们讲课仅仅是因为我希望帮助他们。后来，我逐渐有了名气，请我演讲的人越来越多。因此，我需要在拥挤的日程表上抽出时间，经历长途飞行，为了节约时间而吃垃圾食品，演讲的时间越来越长。为了让参加课程的所有人都能有所收获，5天的时间内，我一个人在讲课的时间就接近30小时。

当我更受欢迎时，我的妻子玛格丽特经常跟我一同出差，也就是说现在的工作必须要我们两个人才能完成（而且我们还需要雇用保姆来照看孩子）。我们要花数个小时的时间打包生活用品、笔记、书籍，然后装进后备厢或运上飞机。我站在讲台上只有那几小时的时间,很多人看到了我的这一面;而我却需要花数十小时运送课上可能会使用的物品和长途飞行,还要花好几天备课,没有人看到我在幕后时的艰辛。

成功的领导者就像冰山,你只能看到整个冰山的一角,其余的部分则隐藏在水面之下。同样那些成功的领导人,往往只能被人看到生活中的一个小片段。你看到了闪闪发光的一面,但是他们还有不为人知、平凡、普通的其他方方面面。网球明星阿瑟·阿什(Arthur Ashe)说:"真正的英雄都是非常朴实,也是极为平淡无奇的。他并不是不惜一切代价为了战胜别人,而是不惜一切代价来成全他人。"真正的领导力也是如此。

真正的英雄都是非常朴实,也是极为平淡无奇的。他并不是不惜一切代价为了战胜别人,而是不惜一切代价来成全他人。

——阿瑟·阿什

怎样战胜自尊心带来的挑战

每个人都想得到他人的认可,这是人之常情,领导也是如此。但是企业的中层领导经常被埋没,得不到自己想要的同时也是应得的声望和认可,这一事实确实会打击他们的自尊心。这个挑战就在于作为团队成员要知足常乐,积极贡献。你可以试试下面的方法。

1. 多考虑职责，少考虑梦想

有人问著名作曲家和指挥家兰纳德·伯恩斯坦（Leonard Bernstein）认为哪个职位最难演奏。他想了一会儿然后回答："第二小提琴。我能找到很多首席小提琴手，但是想找一位热情饱满的第二小提琴手却非常不容易。"我们经常被梦想和目标蒙蔽双眼而看不到眼前的责任。

> 我们经常被梦想和目标蒙蔽双眼而看不到眼前的责任。

相对于晋升，高效的领导者更关注绩效，他们一定都会出色地完成工作。诗人沃尔特·惠特曼（Walt Whitman）曾写过一首诗：

在这个世界上有一个人，不管身在何处，永远不会被拒绝；

他在人口密集的城镇里受到热情的招呼，在田野里也同样受欢迎；

他在沙漠里得到快乐的问候，在林间小径也是一样；

不管他走到哪里都有一双欢迎的手等待着他，他就是送货的人。

如果你不断为企业做出贡献，那他人总有一天会注意到你。更重要的是，即使他人不认可你的努力，你也要对目前自己的所作所为心满意足。

2. 欣赏你所在职位的价值

并不是每个人都能了解或欣赏你所做的工作，所以自我肯定就显得更加重要了。诺贝尔奖得主查尔斯·汤斯（Charles Hard Townes）讲过一个有趣的故事，可以很好地证明这一点："就好比海狸和兔子盯着胡佛水坝巨大的高墙，海狸告诉兔子'这座水坝并不是我建造的，但却是根据我的想法建立起来的。'"

每个职位都有自己的价值，但是我们往往不太看重我们的职位。如果你足够重视，那你的职位也可以事关重大；如果你瞧不起它，那原因可能在于我所称的"目标综合征"，或者认为墙外的天空更蓝。如果我们总是认为其他职位更好，而想要更换工作岗位，那我们既无法享受当前的职位，也不可能成功。

> 如果我们总是认为其他职位更好，而想要更换工作岗位，那我们既无法享受当前的职位，也不可能成功。

---

3. 因为找出项目成功的根本原因而获得的满足感

吉姆·柯林斯（Jim Collins）在《从优秀到卓越》一书中提到了"第五级领导者"这个概念。他说这些领导者默默无闻、不露锋芒地对企业进行领导，他们比那些高调、华而不实、魅力超凡的领导更加卓越。我同意他的观点，原因在于优秀的领导者明白这个道理，他们不可能把企业的一切成就都归功于自身。企业的成功得益于每个员工——特别是中层领导——的辛勤付出。

如果你出色地完成某项工作，而且你很清楚自己完成这项工作对公司的影响，那你就会得到满足感，从而激发你的积极性。如果你知道自己做了突出的贡献，那就不会计较外界的激励。让一个人斗志高昂的定义就是他的作用"举足轻重"。

4. 享受其他中层领导对你的赞美

其他中层领导所在的环境、职位和经验与你相似，他们的认可和欣赏是对你最高程度的赞美。音乐家很享受乐迷的追捧，但是他更看重来自另一位音乐家的赞美；如果一位企业家评价某人擅长发现商机，那你也一定会信以为真。同理，如果另一个中层领导告诉你"做得好"，这句话会直达你的心底。

小说家马克·吐温（Mark Twain）曾说过，"别人的一句赞美能让我在一个月的时间里斗志高昂"。基于这句评论，我总结出一个标尺，用来衡量"赞美"带来的动力，我认为这种动力持续时间的长短主要取决于这个说话的人。

赞美出自谁之口	持续时间
做过你工作的人	一年
看过你工作的人	一个月
了解你工作的人	一周
自认为了解你工作的人	一天
不了解你工作的人	一小时
不工作的人	一分钟

很多人看重上司的赞美，也有很多人为了得到上司的赞美而不断努力。但是一个曾经做过你工作的人，他的赞美对你来说意义更加深远。

5. 了解成就自我和成就他人的差别

牛顿在17世纪发现了万有引力定律，他将这一定律引入科学界后开启了天文学研究的热潮。但是如果没有埃德蒙·哈雷（Edmund Halley）这个人，恐怕没有几个人会了解牛顿的思想。

哈雷就像牛顿想法的试探者，他验证牛顿的假设，并且修正了牛顿不正确的数学计算，甚至草拟了几何图形支持牛顿的研究。当牛顿犹豫是否要发表自己的观点时，哈雷第一个说服了他将观点写下来，然后亲自编辑并监督整个出版过程。哈雷的收入比牛顿更少，但他竟然出钱资助牛顿印刷。《自然哲学的数学原理》一书，使牛顿成为历史上最令人敬仰的思想家之一。

哈雷很清楚成就自我和成就他人的差别。在他看来，牛顿的思想广为传播，比自己因帮助牛顿而获得他的个人肯定更加重要。他知道这些定律的重要性，因此想将其公之于世。

下面这个图表列出了成就自我和成就他人的区别。

成就自我	成就他人
把自己放在第一位	把他人放在第一位
向上爬	推动他人进步
将信息占为己有	与他人分享信息
接受赞美	赞美他人
独占荣誉	分享荣誉
逃避责任	共同承担
操控他人	激励他人

"成就自我"的格言是"自己不去做，没有人会帮你做"。而"成就他人"的格言是"我所做的事能帮助整个团队共同进步"。

《爱是杀手锏》一书的作者蒂姆·桑德斯（Tim Sanders）提到过"开阔思维"的观点，史蒂芬·柯维（Stephen R.Covey）在10年前就曾大力倡导。桑德斯说可以通过很多资源、赞赏和机会来开阔视野，他认为狭隘的思维才是大多数冲突的根源，出类拔萃的中层领导一定有开阔的思维。如果能做到出类拔萃，那你也不会永远停留在中层，因为你优秀的领导力终究会受到瞩目。NFL（美式橄榄球大联盟）绿湾包装工队的名帅文斯·隆巴蒂（Vince Lombardi）说："有些人能够出色地完成工作，而有些人则办不到。但是评判我们所有人的标准是唯一的——结果。"优秀的领导可以获得结果，而且会得到他人的关注。

挑战五　成就感挑战

领导者更喜欢前线，而不是中层

成功克服成就感挑战的关键：
在领导力中性格比职位更重要——在任何层级上都可以影响他人

很多人阅读本书的原因是对领导学充满兴趣或者想要领导他人，如果我所料不错，那你应该想在"第一线"或"顶层"进行领导。你可能听说过关于中层领导一种由来已久的说法：雪橇队里面带头的狗，视野会不断改变，而后面的狗看到的永远都是一样的。我很喜欢这个笑话，而且经常在培训中讲到。然而事实上，前线的狗也并非领导，起决定作用的是那个在后面驾驶雪橇的人。

人往高处走，任何层级的人都有这个想法。他们想得到更多的认同、更好的工资和更棒的住所，还追求个人成长和进步。领导者也是一样，他们积极进取而不是安于现状。他们想发挥更大的作用，想奋斗于企业的第一线或顶层，尤其是在人生和事业的起步阶段。但是一线领导真的像人们吹捧的一样光辉吗？在我看来答案是双重的。

为何领导者热爱一线工作

成为企业的一线和顶层领导具备一定的优势,但是这些优势也为他们带来了挑战。就像一把双刃剑,如果你只看到正面而忽略负面影响,那说明你过于天真或稚嫩。下面这几点解释了领导热爱一线工作的原因,阅读之后相信你会赞同我的观点。

1. 对领导而言,一线职位的认可度最高。

罗马尼亚散文家齐奥兰(E.M.Cioran)曾说过,"如果每个人都说出自己最隐秘的渴望,那个鼓舞他所有计划和行动的渴望,那渴望一定是'得到赞扬'。"难道这不是我们的心声吗?每个人都渴望被赞扬和认可,这一点对领导者来说最为明显。如果出色完成工作,那领导一定会饱受赞扬,因此很多人渴望成为领导。

> 如果每个人都说出自己最隐秘的渴望,那个鼓舞他所有计划和行动的渴望,那渴望一定是"得到赞扬"。
> ——齐奥兰

认可也是一把双刃剑,一旦出现问题,领导就会成为第一责任人。如果橄榄球球队某个赛季屡战屡败,那进攻球员就会招致骂声一片;如果棒球队经常输球,那经理就要卷铺盖走人;如果签不下某个重要客户,那项目负责人就要承担责任。没错,一线职位能满足你的自尊心,但也有可能害你丢掉饭碗。

2. 站在前面"视野"比较好

我曾经看过一个节目，一位新闻播音员采访一位著名的登山爱好者。播音员问道："您为什么要登山呢？为何要辛苦地进行准备、接受训练、承担风险和忍受疼痛？"

登山爱好者看着播音员说道："很显然你从未到过山顶。"确实，山顶的风光无比壮丽，撼人心魄，其视野也无限开阔。如果必须通过攀爬才能到达山顶，那山顶的风光肯定更加令人向往。

> 高层领导无权对职责范围内的问题视而不见。

我在上文中提到过的前美式足球教练汤姆·穆林斯如今经营着佛罗里达州棕榈滩的一家大型企业，他说："在企业中层很难看到记分牌，但是到达高层视野就开阔多了。"只有高层领导才具备这种视野，其他任何层级都不可能。而且高层领导的权责是相当的，如果企业有可能偏离经营方向，损害员工的利益或欺诈消费者，那不管这些问题有多么棘手，高层领导都要承担责任，并不惜一切代价解决问题。站在前面的领导，不能回避他职责范围内的问题。

3. 领导有权决定前进方向

刚当上领导时，我认为一线领导对企业内的很多事务都有决定权。然而随着时间的推移，我逐渐发现领导的控制范围很小（完全掌控人生的人不需要发挥任何领导力，他们只对自己负责，不对他人负责）。优秀的领导者主要控制两大问题：方向和时机。可惜，如果他们领导水平有限而且下属不愿追随，那他们连这两个问题都控制不了。

4. 领导能掌握节奏

领导都喜欢往前走，这是他们的主要动力之一。因此探险家大卫·李文斯顿（David Livingstone）说："只要向前走，我就能到达目的地。"作为领导者，你也希望不断取得进步，而且速度越快越好。不过这个想法也有负面影响，如果你自己跑得太快，下属跟不上你的步伐，那企业也无法成功。获得成功的人通常第一个穿过终点线，但是领导者却很少这么做，因为领导者的成功在于带动他人和自己一起越过终点线。

在《与人共赢》一书中的"耐心原则"说明，与他人同行慢于自己独行，你在人生的任何领域做领导时都是如此。如果你独自一人前往杂货店会比带上孩子时快很多，独自一人的商务旅行也比一帮同事同行快得多。（一帮同事在一起决定吃什么时都要商量半小时，不是吗？）与四人对抗赛相比，一个高尔夫球手只需花一半的时间就能打完一局。

作为领导，你可以要求他人按照你的设想采取行动，但是不能操之过急。幽默诗人奥格登·纳什（Ogden Nash）曾写道："进步曾经是一件好事，可惜你一个人走得太远了。"很多人同意他这种态度，不是所有人都能像你一样渴望进步并迅速采取行动，所以你需要兼顾其他人。

5. 领导热爱参与到行动中

领导热爱取得成就，也喜欢待在有行动的地方，不过这个地方很多时候都不是组织的顶层。的确，企业的重大决定是在这个顶层产生的，但是具体行动还依赖于企业中层，这才是最吸引人的环节。

EQUIP是我创办的一家非盈利组织，负责在海外教授领导力。道格·卡特（Doug Carter）是这个机构的副总裁，他就是行动派的典型代表。他完全可以在十几个著名企业中担任一把手，而且他也曾经领导过一家杰出的非盈利组织，但是EQUIP的前景和行动性吸引他自愿放弃了那个职位，来担任EQUIP的副总裁。道格·卡特能通过这个职位影响全球，我现在很难想象我们的团队没有他的情形。

如何在企业中层找到成就感：从大局出发

教育先驱亨利达·米尔斯(Henrietta Mears)说过："如果一个人忙于帮助下属完成工作，那他就没时间嫉妒上司。"想要在中层找到满足感，那正确的态度必不可少。诚然，在领导力中性格比职位更重要。只要态度端正，技巧适当，那你就能在组织的任一层级上影响他人。

那如何在固有的职位上端正态度得到满足感和成就感呢？从下面5个方法入手吧。

1. 与关键人物建立稳固的关系

在查尔斯·舒尔茨（Charles Schulz）制作的史努比动画中，露西对史努比说："虽然很多次你都把我给惹恼了，但我必须承认也有很多时候，我都很想好好拥抱你一下。"史努比想了想，说："也就是说我既招人爱又招人厌。"

我认为人人皆如此，我也一样。每个人身上都有优点和缺点。得到成就感的关键不在于每次与他人打交道都一帆风顺，而在于跟他们建立稳固的关系。

与他人相处融洽比超越他们更重要，如果你以帮助他人和建立良好关系为目标，那你在任何职位上都能得到成就感。无论如何，如果你对他人第一印象不好，或认为他人不好相处，千万不要轻言放弃。假以时日，你会大吃一惊地发现潜在的敌人也能变成朋友。

> 如果一个人忙于帮助下属完成工作,那他就没时间嫉妒上司。
>
> ——亨利达·米尔斯

2. 在团队合作中定义成功

约翰·伍登说:"造就明星的主要力量来自团队中的其他人。"换句话说,团队合作才能赢得成功,我们不能忽视这一点。核心球员必不可少,但是凭一己之力也无法形成整个团队。这一点也适用于领导者,不管领导如何出类拔萃,他都无法独自一人创造整个团队。

说到中层管理者领导他人并通过团队合作赢得成功,那就不得不提鲍勃·克里斯坦(Bob Christian),他是前亚特兰大老鹰队后卫。克里斯坦被誉为"美式足球界最成功的后卫"。丹·里弗斯(Dan Reeves)评价克里斯坦:"他是我见过的最好的防守球员。"仅凭拦截技术,他就曾多次被提名为赛场最佳运动员,但即使这样,很多球迷还是没听说过克里斯坦。克里斯坦的奔跑、接球和持球触地得分数据都没有刷新过纪录,但是他成功完成了自己作为足球运动员的使命。

如果你重视团队合作,见过克里斯坦在球场上拼杀,那你一定会对他印象深刻。

3. 不断积极交流

不在第一线或高层,所以中层领导往往对企业的规划后知后觉,这一点令人失望。由于企业不断酝酿并形成新的规划,因此积极交流至关重要。如果你了解企业的规划并不断更新,那就不会对变化措手不及或因找不到归属感而士气低落。

作为中层领导,听取下属的观点很重要,但是与上司交流与之同等重要，甚至更加重要。而且后者并非轻而易举，它需要我们尽心尽力。与上司打交道时，要让他们知道你正在为企业的规划做出贡献。得到反馈并提出问题，不断发掘新信息，从而更有效地将企业的规划传达给下属。作为中层领导，你越充分履行自己的职责，你的满足感就越强。

4. 积累经验和成熟度

在《哈利·格尔登自传》中作者写道："年轻人不了解后果的严重性，直接导致了他们的妄自尊大。"火鸡每天都贪婪地跑向给它喂食的农民，其实它们也没错，只是没人说过它会成为感恩节的盘中餐。

成熟不会不请自来。我的朋友艾德·柯尔（Ed Cole）经常说："成熟不随年龄而增长，当你学会承担责任时就说明你开始成熟了。"如果阅历的增长和眼光的拉长，当你审视自己的生活时你就会发现一线和顶层并非如此重要，相对于顶层的职位、头衔或声望，在其位谋其政、精益求精地履行职责能够带给你更大的满足感。

成熟能够带来耐心（然而耐心总是与疲倦联系在一起），耐心能给你时间学习、社交和增长智慧。幽默作家阿诺德·格拉斯哥（Arnold Glasgow）说："耐心是一切事物的关键，想得到小鸡只能靠孵蛋，摔碎鸡蛋可白搭。"

作为中层领导，你越能充分履行自己的职责，你的满足感就越强。

---

5. 团队成功比个人成功更重要

如果风险较高,那优秀的队员会把团队的成功置于个人得失之上,二战期间英国政府两位著名领导人——温斯顿·丘吉尔和克莱门特·理查德·艾德礼(Clement Richard Attlee)的故事能说明这一点。他俩可谓水火不相容,丘吉尔来自保守党,而艾德礼则来自工党。丘吉尔脾气暴躁,雷厉风行,趾高气扬;而艾德礼则沉默寡言,低调行事。丘吉尔曾这样评论艾德礼:"他不骄不躁,但是水平有限,理应如此。"但是在二战期间,两人从英国的利益出发,互相欣赏,通力合作。1940年丘吉尔当选英国首相之后,他选择艾德礼作为战时内阁的一员,并最终提名他为副首相。事实上,整场战争从头至尾,丘吉尔的战时内阁只有两个成员,除了他自己就是艾德礼。

英国在二战中获胜的关键之一就在于,两位领导人将国家的利益置于个人政治野心之上。战争结束后,两人截然不同的领导和政治观点变得显而易见,在1945年的首相大选中,艾德礼战胜了丘吉尔。

不管是战中还是战后,两位领导人都问心无愧地采取了行动,他们将国家利益置于个人利益之上。因此,大不列颠的人民赢得了战争。这才是领导力的真正内涵——帮助他人取得成功。这一点比你在组织中的位置更重要。

挑战六　愿景挑战

如果制定愿景没你的份儿，那就很难真心拥护

成功克服愿景挑战的关键：
你对愿景的贡献越多，那它就在越大的程度上成为你的创造

你更偏向哪种情形？见证你的愿景，付诸行动并开花结果，还是帮助他人实现他们的愿景？想要发挥领导力的人一定偏爱前者。领导者能够发现并且渴望抓住机遇，除非其他领导者的愿景令人拍手称奇，魅力无穷，大多数情况下他们更偏向于实现自己而不是他人的愿景。然而身在中层必须拥护他人的愿景。实际上，除了企业的顶层领导，其余所有人都要努力实现他人的愿景。

怎样面对愿景挑战

很自然的问题是：怎样面对愿景挑战呢？即使你自己的愿景能带给你更多动力，但是为了得到机会追求自己的梦想，你必须成功地实现他人的梦想。

如果上司提出愿景并谋求你的协助，那你可以采取多种方法加以应对。下面这些方法按照从消极到积极的顺序排列。

1. 抨击——批评并破坏愿景

就算愿景引人注目，就算上司出色地传达了这一愿景，很多人仍然不愿拥护。这就是现实，原因不在于这些下属糟糕透顶。我们来看看人们不愿拥护有价值远景的普遍原因。

制定愿景没我的份儿

面对事实吧！大多数人不喜欢改变，如果有人制定新的愿景，那改变就不可避免。以前我认为领导者喜欢改变而下属排斥改变，然而随着我日渐成熟，我意识到领导者就像下属一样排斥改变，除非那是他们的主意。

> 领导者就像下属一样排斥改变，除非那是他们的主意。

如果自己提出改变，那人们的态度就会发生180度转变，积极参与能够提升归属感。如果是你出的主意，那你的态度就大有改观。你会积极参与，对任何愿景都更加用心。如果你不相信，你想想这个问题：上次你给租来的车上蜡是多久前的事了？是不是从来没上过蜡？找到归属感人们才会用心对待。

不明所以

如果人们对愿景糊里糊涂，那自然不会拥护，这也是事实。就算领导者清晰、强制性地传达了这种愿景，下属也不一定真正明白。就算交流方式相同，那对每个人的作用也不尽相同。

肯·布兰佳（Ken Blanchard）曾问《领导力是一门艺术》一书的作者马克斯·帝普雷（Max Depree），领导者在企业中扮演什么角色？帝普雷回答："领导者就像三年级教师一样，需要一遍又一遍不厌其烦地传递愿景，直到每个人都心领神会。"如果领导者足够聪明，他会在不同的环境中运用各种方式方法进行传播。

不以为然

有些人对愿景消极冷淡是因为他们认为纯属天方夜谭。少数人认为愿景"目光短浅"而不愿拥护，还有些人止步不前是因为他们来到企业后愿景发生了变化。但是通常情况下，真正的原因在于领导者自身。如果下属不喜欢传递愿景的领导者，那他们一定会排斥愿景。

> 如果下属不喜欢传递愿景的领导者，那他们一定排斥愿景。

《领导力21法则》一书中的接纳法则指出，如果人们喜欢领导者就会拥护他的愿景，如果信任他就会支持他的信仰。就算领导传递的愿景平平淡淡，由于人们信任领导，仍会支持他的愿景。然而，"信任法则"也有负面效应——不管愿景如何精彩，只要人们不信任领导者，那他们就不会心甘情愿服从这个愿景。

一无所知

人们不知道企业的愿景和企业没有任何愿景其实是一码事，这两种情况所造成的后果是一样的，都会不可避免地带来不满和气馁。

如果企业在制定新的愿景之后招募新成员，那他们就会对企业的愿景一无所知。如果冒犯某些企业那我表示歉意，但是很多企业始终面临着这个问题。成长型企业经常招募新员工，但是没有任何机制确保新员工了解并拥护企业的愿景。每个企业都需要一种嵌入式程序来传递愿景。

然而，即使你能够把企业愿景传达给每个企业成员，你也无法确保他们真正理解。愿景很容易渗漏，领导者需要不断通过创新的方式清晰地传递愿景。

假设每个企业成员都有一个水槽，用来存储企业的愿景，再假设水槽上有一道裂缝或一个小孔。由于人非圣贤（孰能无过），你无法堵住水槽的渗漏。最好的办法就是不断为水槽注水。有些领导不喜欢婆婆妈妈，但是为了每个人都了解企业的愿景，你别无选择。

愿景很容易渗漏，领导者需要不断通过创新的方式清晰地传递愿景。

认为自己无关紧要

如果需要招募人手实现愿景，那态度不外乎以下三类：第一种，我们必须这么做，有你没你都一样；第二种，我们需要你来帮忙；第三种，你真是不可或缺。哪种态度最能激励员工全力以赴呢？答案显而易见。

传统专制型领导者已经摆脱了第一种态度，但是仍然与现代的模式格格不入，这种情况尤其适用于人民无法享有自由的国家。第二种态度偶尔会奏效，但是跟第三种态度相比就差远了。如果人们认识到自己的重要性，即使面对障碍和困难，他们也会充满动力，拿出最佳状态完成工作。

有一个典型的例子，二战期间在一家降落伞工厂，为了增强作战能力，工人们生产了成千上万顶降落伞。但是这项工作索然无味，工人在缝纫机旁连坐数小时，缝合的素白棉布长达几英里。每天早晨工人都提醒自己一针一线都在救人性命，她们的丈夫、兄弟和儿子有可能穿上她们亲手缝制的降落伞。要不是她们的辛勤劳动，很多人有可能命丧黄泉。这个愿景总是浮现在她们眼前，她们知道自己对于实现愿景来说不可或缺，正是这个信念支撑着她们不断努力。

准备欠佳

遗憾的是,很多人在情感、理智和职业上还没有做好准备,无法加快脚步接受愿景并实现目标。如果他们心有余而力不足,那可以通过培训提升能力。但是如果内心排斥,能力欠佳,那可就无药可救了。

全方位领导人是联系上司和下属的信息管道。制定愿景没我的份儿,不明所以,不以为然,一无所知,自己无关紧要,准备欠佳,如果出现以上任何一个问题,那这条导管就会堵塞,顶层领导的愿景就无法传递给基层员工,而后者才是真正采取行动的人。如果基层员工不明白企业的愿景,那这个愿景永远无法开花结果。

2. 忽视愿景,我行我素

有些人不会抨击愿景,但也不会支持。他们采取的做法是忽略愿景并我行我素。如果这样做,领导者就无法维持诚信度和执行力。我曾经与一位在中层工作多年的领导交流过,他说有一次他的上司要求他就着装规范问题跟员工谈话,但问题是这位中层领导不认同上司制定的标准,但他决定从企业大局出发并支持上司的决定,于是硬着头皮与员工谈话。然而交流过程中困难重重,因为员工认为这套规范过于琐碎。最终这位中层领导坚定地维护了上司的决定,只是员工始终不知道,其实这位领导认同员工而不是上司的观点。

3. 彻底放弃,另谋高就

如果企业的愿景违背你的原则,与你内心的价值观不符,那另谋高就还算明智。有时有尊严地离开就是最好的选择,这样一来中层领导既不会破坏企业的愿景,也不用违心支持。但是我要提醒你一点,如果中层领导失策辞职,那来到另一家企业他会再次面临同样的问题。如果你所处的环境使你萌生离职的念头,那一定要保证背后的原因不是自私自利或自尊心过强。

4. 积极适应，根据愿景进行调整

一个优秀的员工最起码应该做到根据企业的愿景调整自己。大卫·布莱克（David Branker）讲过布莱特（Bret）的故事，这个中层领导的职责是为一家企业的培训部门提供电脑支持和数据追踪服务。布莱特有点垂头丧气，因为他觉得自己的工作对企业的愿景来说微不足道。

他没有闷闷不乐、怨天尤人，而是找到上司交流这个问题。通过共同努力，他们发现这个部门可以利用高新技术开发系统，节省培训时间、提高培训效率并降低培训成本，从而为整个企业做出更大的贡献。通过根据愿景调整自身，布莱特不仅进一步完成任务，为企业增值，提高绩效，成就感也进一步增强。

道格拉斯·兰德利特曾与前橄榄球教练汤姆·穆林斯牧师在一起共事，蓝德雷特的博士论文关注如何在企业中层发挥领导力。他说如果中层领导的愿景与高层领导不一致，那中层领导通常心怀不满。如果双方愿景一致，那中层领导一定会心满意足，成功也就不在话下。

> 愿景可能由一个人制定，但是需要很多人齐心协力才能实现。

---

5. 拥护愿景，接受上司的愿景并努力实现

愿景可能由一个人制定，但是需要很多人齐心协力才能实现。作为全方位领导者，接受上司的愿景并努力实现是一种责任，他们应该将其视作"我们的"而不是"我的"愿景。

约翰·加德纳（John W.Gardiner）说过："前途无限光明，问题

无比棘手,如果一个人不能同时被这两句话触动,那他一定身心俱疲,未来没有多少用武之地。"

纵观我35年的领导生涯,我始终努力将愿景传达给员工,有些员工欣然接受,但有些人则不然。

拥护愿景的人	排斥愿景的人
将企业利益放在首位	将个人利益放在首位
认为愿景比同事更重要	认为自己比同事更重要
在他人面前为我代言	在他人面前为自己代言
明确自己的任务	曲解自己的任务

不接受愿景的人既不会拥护愿景,也不会将愿景传达给下属。因此,他们的下属无法为企业的整体成功做出任何贡献。

6. 为愿景增值

对于上司的愿景,最积极的响应是不仅仅拥护,还要切实为愿景增值。在这一点上,愿景的内涵进一步拓展,对上司、愿景的受众和做出贡献的人而言,愿景都进一步增值。

很多人没有机会为愿景增值。想得到这个机会有一个前提,那就是拥护现有的愿景。这样做有一大好处,当你开始为愿景增值时,你已经战胜了愿景挑战,因为你所拥护的不再是他人的愿景,你已经为这个愿景做出了自己的贡献。

我在1996年创建了以信任为基础的非营利性组织EQUIP,组织中的每个人都拥护共同的愿景并努力为之增值,这一点强于其他任何组织。组织创建之初,我的任务就在于培养领导者。刚开始我们的策略是在三大迥异的领域运作,也就是学术界、城市区和国际舞台。2011年我们削减业务范围,重新调整愿景,决定将注意力集中于对海外领导者的培训。 EQUIP团队中的每个成员始终拥护组织愿景,但是主要领导者的职责却不止于此,领导者扮演的重要角色应该是审时度势,促使组织在一个领域内出类拔萃,而不是在三个领域内差强人意。

我们提出了"百万领导者计划",努力在全球范围内培训100万名精神领袖。截至2006年1月时,我们的培训课程覆盖了除南极洲之外的各个大洲,也将实现培训人数突破100万的目标,现在我们就期待着迎来培训人数突破200万的目标。

团队成员时时刻刻拥护着组织的愿景,领导者努力降低培训成本,联合培训师出钱出力,在全球范围内培训领导者,捐赠者倾其所有资助这个项目,他们共同支持着我们一起制定的愿景,我对此深怀感激。

挑战七　影响力挑战

超越职位影响他人困难重重

成功克服影响力挑战的关键：

关注影响力而不是职位

如果你读了前六章，认为这六种挑战对你的影响微乎其微，那你运气不错，但是不管所在的企业如何厉害上司如何优秀，超越职权范围及影响他人困难重重。如果真正的领导如此简单，人人都可以成为领导，而且人人都能成功。

大多数优秀的领导者都对自己和自己的领导方式充满自信，他们认为只要下属愿意追随，那团队将会从中受益并取得成功。但是为什么总是事与愿违呢？为什么下属没有积极追随呢？因为没有必要！领导力就是影响力，如果你不在高位，也没有影响力，那下属自然不愿追随。下属的职位离你的职位越远，他能接受你领导的可能性就越低。因此，全方位领导者应该努力扭转观念，杜绝"我想身居高位，让人们服从领导，我想赢得人格魅力，让人们自愿追随"。

> 全方位领导者应该努力扭转观念，杜绝"我想身居高位，让人们服从领导，我想赢得人格魅力，让人们自愿追随"。

人们服从这样的上司……

如果你认为身居高位人们就会自然服从，那你就大错特错了。真正身居高位的领导清楚这一点行不通。现在下属服从你的领导吗？如果服从，那有朝一日你升职之后他们仍会服从。但是如果下属现在不服从你的领导，那不管你何去何从，他们都不会改变。

战胜影响力挑战的唯一途径就在于变成人们自愿服从的领导，那这样的领导有什么特点呢？

人们服从知根知底、体恤下属的上司

很多领导通过批评下属或者为其施压鞭策他们行动，但下属通常会主动防御，气势汹汹或者自我孤立。新教改革者约翰·诺克斯（John Knox）曾说过："你无法一面树敌一面发挥影响力。"

> 你无法一面树敌一面发挥影响力。
>
> ——约翰·诺克斯

另一方面，如果上司以人为本，体恤下属，那下属也会做出积极回应。领导关心的范围越广，程度越深，他们的影响范围就越大，持续时间也越长。密歇根大学橄榄球队前主教练博·辛巴克勒

（Bo Schembechler）评论："你必须让球员在内心深处感受到你的关心，这是最重要的，如果球员认为我不关心他们，那我绝不可能取得今日的成就；他们懂得，我会提供长期支持。"

人们能够感觉到你对他们的态度。他们能分辨利用他们牟取私利的领导和真心帮助他们取得成功的领导。只有给予他人温暖，他人才会带给你温暖。只要你关心下属，他们就会与你心意相通，也会积极回应你的诉求。在我看来，二流领导会带来二流员工。如果你进一步关心并帮助下属，他们也会进一步帮助你完成任务。

人们服从值得信任、品格高尚的领导

政治理论家托马斯·潘恩（Thomas Paine）说："我喜欢在困难中面带微笑，在逆境中充满斗志，在思考中增强勇气的人，弱小的心智会逐渐萎缩，但是内心坚定、以良知为行为规范的人一定会誓死坚守自己的原则。"领导怎样才能找到动力展示出这些令人羡慕的品质呢？答案就在于个人品格。

我们总是过分强调人们的智商和技能，这些因素确实重要，但是它们无法代替坚强的性格。正如我在《领导力21法则》中所讲的，信任是领导的基础。尼克松总统前助理查克·卡尔森（Chuck Colson）深知性格对领导力影响深远，他曾在水门事件披露后被捕入狱，他在狱中历经折磨，但是出狱后反败为胜，如今他经常举办关于领导学和信任问题的演讲。他说："在你的生命历程中，军队服役、下海经商、宗教活动等各行各业（当然也包括你的家庭），人们更看重你的性格，而不是智商。"

很多人意识到领导者的信誉至关重要，但是有人忽视了信誉对于潜在领导的重要性。罗德·罗伊领导着阿肯色州小岩城的一家大型企业，他说：

很多中层领导说"我爬到高层之后就改变生活方

式",我曾见过很多二把手,他们的性格与顶层领导不同。他们的想法就是,"我成为真正的领导之前,不用对自己的性格严加要求"。而我认为,如果不对性格"高标准、严要求",那永远无法爬到高层。我选择限制自己的自由,因为我懂得有朝一日想爬到高层必须先做出牺牲。

如果你想克服影响力挑战,那你一定要总结顶层领导的人格魅力,学习并展示出这种性格特征,如此一来,短期而言,能为你和他人的融洽相处铺平道路;长期而言,它将促使你做好准备,突破职位限制发挥影响力。

人们服从令人尊敬、精明能干的领导

领导者可以通过不同的方式赢得尊重。一旦遭遇困难,那领导职位就黯然失色,这时就需要领导者挺身而出,直面挑战。如果领导者对挑战无能为力,那他渴望得到下属和同事的尊重就纯属空想。如果领导者品格高尚,关心下属,那有可能得到下属的喜爱,但是不可能受人敬仰。下属可能对他们亲善友爱,但不会服从他们的命令。人人都有言论自由权,但是有没有人听从你的言论就不一定了。

> 平庸无能的领导渴望他人的尊重,而精明能干的领导才能获得尊重。

平庸无能的领导渴望他人的尊重,而精明能干的领导才能获得尊重。胜任工作的领导才有信誉。如果你认为自己能胜任,说明你充满信心,但你真正完成这项工作才是精明能干,这两种情况有天壤之别。

人们服从平易近人、始终如一的领导

我在编写本书时采访过一位中层领导，化名弗莱德（Fred），他说自己曾有过一位喜怒无常的上司，他摸不准上司的脾气，不知上司何时何处"暴跳如雷"，又何时何处"雨过天晴"，但是弗莱德听取了一个同事的建议，找到了应对方法。

如果弗莱德在工作中碰到问题需要请教上司，那他会将问题记录在不断更新的小册子上，每周举行员工会议时带去。弗莱德小心谨慎，开会时从不挨着上司坐，会议开始后按照座位依次提问，他就有机会观察领导对他人的态度。上司与两三个下属交谈之后，弗莱德就能猜测出上司今天心情如何。如果上司心情不好，那弗莱德就收起小册子，改天再提问，如果上司心情大好，乐于解答，那弗莱德就按照小册子逐个提问，而且每个问题都能得到满意的回答。弗莱德经常被迫等待五六个星期，等上司心情好转之后再提问。弊端就在于很多重要的问题一拖再拖得不到解决，但是一大好处就在于这个喜怒无常的上司很少对弗莱德大发雷霆。

有一句犹太谚语：如果你的行为像驴一样，那就别怪骑你的人侮辱你。我认为弗莱德想办法应付他喜怒无常的上司正适用于这种情况。心平气和对任何人来说都不简单，实际上，正如作家阿道斯·赫胥黎（Aldous Huxley）说的那样："心平气和与人性和生命相悖，只有死人才能始终如一。"

如果你想成为全方位领导，让他人甘愿服从，那做好准备，努力做到平心静气，变得平易近人。就算你关心下属，以诚相待，精明能干，如果做不到平心静气，那下属就会认为你不可靠，因此不会信任你。

人们追随令人钦佩、责任心强的领导

我很喜欢一个故事,讲的是一个农民连年歉收之后来到贷款银行经理面前,农民说:"我有一个好消息和一个坏消息,您想先听哪一个呢?"

银行经理回答道:"先告诉我坏消息吧,那我们就可以翻过这一页了。"

"好吧,我遭遇了旱灾,严重的旱灾,通货膨胀等各种情况,因此抵押贷款都打了水漂,本金和利息都还不上。"

银行家回答道:"原来如此,真是太糟糕了!"

"更糟的是,我购买机械的贷款也还不上了,本金和利息都一样。"

"天哪,太糟了。"

"还有更糟的呢,"农民继续说道,"别忘了,我还贷款买种子、化肥和其他原料,其实这部分贷款也还不上了,连本金带利息。"

"够了够了,太恐怖了!好消息是什么?"经理用恳求的语气说道。

农民笑着回答:"好消息就是,我会继续向贵银行贷款的。"

这个笑话有点老套,但是人们确实敬佩具备献身精神的人。想想你敬佩的伟大领袖,一提到温斯顿·丘吉尔、马丁·路德·金、约翰·卫斯理,我能想到的首要特征就是献身精神。他们在领导过程中坚守原则,倾情奉献。

几年之前,我和吉米·道南(Jim Dornan)合著了一本书,名为《成为有影响力的人》。很多读者向我反映,在我所有的作品中他们最喜欢这一本。原因是这本书适用于不在高位的人学习领导技巧。这本书在网络营销领域大受欢迎,因为这个岗位建立在影响力基础之上。这本书以一系列关键词为基础,笔者将在下文中呈现给读者，这首诗描述了影响力的特征，朗朗上口，易于记忆。

正直——以信任为基础建立关系
栽培——以人为本，关心下属
信任——信任他人
倾听——重视他人的意见
理解——换位思考
扩展——帮助他人增强本领
指引——帮助他人克服困难
交流——建立融洽的关系
授权——赋予下属领导权

如果在企业里对同事努力做到以上几点，那你就能战胜影响力挑战。秘诀就在于关注影响力而不是职位，这才是领导力的内涵。如果你从现在开始提升影响力，那有朝一日你将做好准备接受全方位领导者最艰巨的任务——向上领导。这正是本书下一节的主题。

回顾
中层领导者普遍面临的挑战

我们来简单回顾一下中层领导着面临的挑战。

1. 压力挑战：困于中层带来的压力
2. 挫败感挑战：上司平庸无能
3. 多重角色挑战：只有一人，身兼数职
4. 自尊心挑战：埋没于中层
5. 成就感挑战：领导喜欢前线而不是中层
6. 愿景挑战：如果制定愿景没你的份儿，那就很难真心拥护
7. 影响力挑战：超越职位影响他人困难重重

第三章 领导力三原则
1. 向上领导的原则

"跟我走,我就在你身旁"

如果你想在企业中层发挥影响力,你一定对本书前两节介绍的误区和挑战深有同感,你应该每天都会遭遇一两个误区或挑战。那你怎样才能充分发挥职位优势,同时战胜挑战并避免误区呢?你可以通过学习向上领导、领导同事和领导下属变身全方位领导者,提升战胜困难和误区的能力。这三方面适用不同的原则,需要不同的技巧。

向上领导是全方位领导者面临的最大挑战。大多数领导渴望领导他人而不是被他人领导,但是大多数领导也渴望为自身增值。如果你的策略是为上司增值,那你能影响到他的可能性最大。丹·瑞蓝和我在为本书构思时曾谈道:"如果你想得到晋升,向上领导比拍马屁管用多了。"

如果你想得到晋升,向上领导比拍马屁管用多了。

——丹·瑞蓝

2004年秋天,我大开眼界,看到了一个崭新的世界。我每年都会为高管举办名为"互通有无"的活动,这一年我邀请参会者欣赏亚特兰大交响乐管弦乐团的演出,担任指挥的正是著名的波士顿交响乐团指挥本杰明·赞德(Benjamin Zander)。当管弦乐队的音乐

家们进行彩排时，我们坐在他们中间就领导经验进行交流，就在这个满是世界一流音乐家的环境里，指挥家能为我们的交流、领导和追随力带来灵感。这段经历真是妙不可言！

这段经历激起了我阅读《可能性的艺术》这本书的兴趣，这本书由赞德和他的妻子罗莎蒙德·斯通·赞德（Rosamund Stone Zander）合著。书中讲了一个故事，很好地说明了向上领导的价值，并解释了这个方法如何为上司和组织增值。本杰明·赞德写道——

我认识一位才华横溢、成就非凡的艺术家，几十年来他一直谦虚地在美国顶尖管弦乐队的中提琴声部演奏。尤金·乐赫纳尔早已是传奇科利希四重奏乐团的提琴手，而且指导过杰出的茱莉亚弦乐四重奏以及其他数不清的乐团。我经常向他咨询如何诠释乐曲当中难度较大的部分，他总是通过对音乐精准无比的洞察力，帮我解答疑惑。

赞德说他很好奇其他妄自尊大、臭名远扬的指挥是否咨询过那位艺术家，汲取他作为艺术家和领导者广博的知识和经验。下文就是尤金·乐赫纳尔的回复。

我来到管弦乐队演奏的第一年，记得某一天库赛维斯基（Koussevizky）要指挥演奏巴赫的作品，但他似乎一直得不到满意的效果，怎么指挥都不对。幸运的是，他的朋友、法国著名教师和指挥纳第亚·布朗热(Nadia Boulanger）来到这个城市，彩排时正坐在演奏席上。于是库赛维斯基抓住机会使自己摆脱这个尴尬而丢人的场面，他对纳第亚·布朗热说："纳第亚，麻烦你到前面来指挥好吗？我想到音乐厅后面听听效果如何。"布朗热站起来，对在座的音乐家做出些许评论，然后连贯地指挥交响乐队演奏了这一段音乐。从此之后，每次彩排我都等待指挥跟我说："乐赫纳尔，你到前面来指挥吧？我想到音乐厅后面听听效果如何。"43年过去了，我被叫上指挥台的希望越来越渺茫。

你肯定不愿等待43年之久才得到机会向上领导，你更愿意从今天开始影响他人。

想要影响上司可谓"冰冻三尺，非一日之寒"，因为你对职位高于你的人没有任何控制力，他们会拒绝你和其他下属的影响，因此你有可能永远无法向上领导。但是你可以通过运用本章的原则大大增加成功的概率。基本策略应该是支持上司、为企业增值并通过出色地完成工作出类拔萃。如果你坚持不懈，那终有一天会赢得上司的信任和依赖，而且会征求你的意见。如此步步为营，你的影响力将与日俱增，也会得到越来越多的机会来向上领导。

原则一

出色地领导自己

在开会时，经常有头脑灵活的年轻人找到我，说他们无比渴望成为优秀的领导，而且发愤图强，努力学习，不断进步。但是随后他们叹气道："到目前为止我还没有任何下属。"

我的回答往往是"领导你自己"。这是一切的起点。另外，如果你自己都不信服自己，又怎么能要求别人服从呢？

你的同事有没有不擅长领导自己的呢？更糟的是，你是否遭遇过不擅长领导自己的上司？他们只能充当反面教材。他们就像下面那则寓言中的乌鸦。曾经有一只乌鸦停在树上，终日无所事事，一只小兔子看到乌鸦就问它："我能像你一样整天闲坐着无所事事吗？"

乌鸦回答说："当然可以了，那有什么难的。"于是兔子学着乌鸦坐在树下，突然间出现一只狐狸，扑住兔子饱餐一顿。

这则寓言有些玩笑的意味，其寓意在于，如果你想终日坐着无所事事，那你最好择高木而栖。如果你处在基层，需要切实采取行动，那你可没条件闲坐着无所事事。学习自我管理是出色地领导自己的关键所在。我发现大多数人过于看重决策制定而忽视了决策管理，因此他们缺乏中心、纪律、意图和目标。

我坚信这一点，还专门写了一本名为《今天至关重要》的书进行论述。这本书的论题就是成功人士会及早做出正确的决策并日日经营。我们通常认为自我领导意味着每天都要制定重大决策,然而实际上我们需要在人生的重大问题上做出少数至关重要的选择,然后日复一日经营这些决策。

> 自我领导的关键就是学会自我管理。

举一个很典型的例子,你曾在新年伊始下定决心开始健身吗?你应该很清楚健身的重要性。下决心减肥并不难,但是保持下去并坚持到底就困难多了。比如你在一月第一周成为某家健身俱乐部的签约会员,注册时你很兴奋,但是第一次来到健身房时,你发现这里人头攒动、车水马龙,交警被迫出动指挥交通,你在周围转了15分钟才在四个街区之外找到了停车位。不过也没关系,毕竟你是来健身的,于是你朝健身房走去。

进入健身房之后你才发现,就连到衣帽间换衣服都要排队。但是你安慰自己,没关系,我是来强身健体的,这是多美好的一件事啊。这个想法支撑着你,终于排到衣帽间换了衣服。但是出来之后才发现所有的健身器械都被占用了,只能再次排队。终于等到器械了,虽然不是你想用的那种,但是管他呢,先凑合着用吧。于是你锻炼了20分钟。本来你想冲个澡,但是看到排起的长队只能作罢,于是你只能带上衣服回家换洗。

出门时碰到了俱乐部经理,你决定向她抱怨人满为患。她说"别担心,三个星期之后你再来,到那时一定能找到最近的停车位,也能自由选择健身器械。因为那时98%的注册会员都退会了。"

下决心强身健体是一回事,真正坚持下来是另一回事。随着他人逐渐退会,你也要做出选择,是像他人一样退会还是继续坚持。这时就用到了自我管理。

如果你擅长管理自己，那你一定能给上司留下绝佳的印象。如果上司不断分神管理你，那他就会认为你浪费时间和精力。但是如果你擅长管理自己，那上司就认为你能充分把握机遇、充分利用自己的优势。如此一来，如果领导感觉压力很大，那他就会向你求助。

领导需要自我管理的要点

在《赢在今天》一书中，我列出了渴望成功的人应该做的12件事供读者参考。在本书中我打算将注意力集中于领导力。如果你想增强上司和他人对你的信任，那请努力做到以下七个方面。

1. 控制你的情绪

据说难以控制情绪的人出车祸的概率比心平气和的人高144%。还有研究结果明确显示，重大事故中五分之一的受害者在事故前6小时内曾与他人争吵。

控制情绪对每个人都至关重要。没人愿意跟随时有可能"爆炸"的情绪定时炸弹相处。领导的一举一动都会影响到很多人，因此控制情绪对于领导来说必不可少。

优秀的领导明白何时发威，何时收敛。有时需要发火才能让下属明白他们的想法，这有助于激发下属的动力。这种方法是在操纵别人吗？我认为只要领导的出发点是团队的利益而不是个人私利，那就不是操纵他人。因为领导者最先接收信息，视野更加开阔，他们首当其冲经历某种情绪。只有让团队明白你的想法，你才能与他们分享你的事业（帮助他们开阔视野）。

有时领导必须控制自己的情绪。在《美国士兵》这本书中，汤米·弗兰克斯（Tommy R.Franks）写到在越南战争中，自己担任下级军官时曾遭遇过一次毁灭性事件，但是负责这片区域的艾瑞克·安提拉为他树立了榜样，因为艾瑞克·安提拉为了下属控制住自己的情绪。

我观察过艾瑞克的眼睛，我知道他内心极度痛苦，但他不会发泄出来。我们正在交战，他要在战斗中指挥军队。面对这场灾难，他的坚定赋予每个人勇气。一个小时之后他可能悲痛欲绝，但是现在他无比镇定。在战争中，指挥官必须控制自己的情绪，在适当的时候进行发泄。

杰出的领导明白何时发威，何时收敛。

领导者需要控制自己的情绪，但并不意味着否定或忽略这些情绪。管理情绪的底线就是在释放情绪时先考虑他人而不是自己的感受。控制情绪也好，释放情绪也好，你的出发点都不应是自己的满足感。你应该扪心自问"我的团队需要什么"而不是"我怎样才能更开心"。

2. 管理你的时间

时间管理对中层领导者来说尤为困难。高层领导可以将工作委托给他人，基层员工只需按时打卡，后者的工资按小时计算，上班时努力完成工作。然而中层领导要面对压力挑战，大家期待也鼓励中层领导投入更多的时间完成工作。

一寸光阴一寸金。精神病学专家兼作家斯科特·派克（M.Scott Peck）说过："只有重视自己的价值，你才会珍惜时间；如果不珍惜时间，那你只会虚度光阴，一事无成。"在《一生要做什么》一书中，查尔斯·史匹桑诺（Charles Spezzano）说："为了得到某样东西，人们付出的不是金钱而是时间。"如果你盘算着"五年之后我就能攒够钱买度假屋了"，那实际上你的意思是那个度假屋将花费你五年的时间——成年生命的十二分之一。查尔斯·史匹桑诺说："'花时间'这个词不仅仅是个比喻，生活就是这样进行的。"

别再用金钱来衡量你的工作和购物了，还是用时间来衡量吧。仔细想想，什么才值得你花一生的时间来追求呢？如果你从这个角度审视自己的工作，那你的时间管理方式可能大有改观。

3. 管理优先次序

> 只有重视自己的价值，你才会珍惜时间。
>
> ——斯科特·派克

全方位领导者是通才，他们精通多个领域的知识。迫于多重角色挑战，他们也是不得已而为之。然而有一句谚语说得好：一心不可二用（如果同时逮两只兔子，哪一只都逮不到）。中层领导就面临着这个问题。

那中层领导怎么办呢？他们不在高层，无法控制自己的职权范围和工作日程。作为中层领导，你可以通过以下方式努力做到管理优先级，同时集中注意力。

80%的时间——完成自己擅长的工作
15%的时间——完成正在学习的工作
5%的时间——完成其他必要的工作

要做到这一点并不容易，但你应该奋力一搏。如果你有下属，那可以把你不擅长的工作分给精于此道的下属。如果有可能，可以跟同事交换某些职责，这样双方都可以扬长避短。记住，从中层爬到高层的唯一途径就是从通才变为专才，从顺利完成多项工作转变为将注意力集中于少量工作并出类拔萃地完成。

成功实现这种转变的秘诀就在于训练。吉姆·柯林斯在《从优秀到卓越》一书中写道：

> 大多数人过着忙碌而散漫的生活，我们总是在扩展"待办事项"列表，试图通过行动、行动再行动来赢得动力，但是这种做法很少奏效。实际上那些推动企业从优秀走向卓越的人，他们的"淘汰事项"和"待办事项"一样多。他们的纪律性极强，能够淘汰无关紧要的工作。

在判断你要淘汰哪些工作时一定要狠下心来。你不应单纯因为自己喜欢某项工作就把它列入"待办事项"。如果你擅长这项工作，或者它能帮助你成长，那可以欣然接受。其他工作都有可能列入"淘汰事项"。

4. 管理工作精力

有些人需要限制自己在工作中投入的精力，从而保证细水长流。我在几年前还不是那样的人。如果人们问我怎样完成大量工作，我会回答自己"精力旺盛，智力平平"。小时候我一直忙个不停，家人总是跟我说"安稳点"，直到6岁时才我意识到自己的名字不是"安稳点"。

如今我已经58岁了，我必须注意自己的精力分配。在《为改变而思考》一书中，我与读者分享了我管理精力的一种方法。每天早晨看日历时我都会问自己，今天最重要的事是什么？只有这一件事我必须全力以赴才能做好，这件事可能跟我的家庭、员工、朋友、出版商和演讲活动赞助商有关，也有可能要把时间花在写书上。我要保证充沛的精力并集中注意力，把这件事做到最好。

就算精力旺盛的人碰到困难也会精疲力竭。我发现很多中层领导都会遭遇"ABC精疲力竭症状"。

没有方向的行动——所从事的工作好像无关紧要
缺乏行动造成的负担——无法完成关键性的工作
无法解决的冲突——无法解决关键问题

如果你发现自己在企业中经常遭遇上面的问题，那你就需要付出更多的努力，有效管理自己的精力。如果你不愿意这样做，那你就只能另谋高就了。

5. 管理你的思考

> 忙碌是思考最大的敌人。

诗人兼小说家詹姆斯·乔伊斯（James Joyce）说过："你对自己的思想有多少投入，它就会给你多少产出。"忙碌是思考最大的敌人，而中层领导通常是企业里最忙碌的人。如果你觉得生活节奏过于紧张，没有时间在工作日停下来进行思考，那就试着养成这样一种习惯，随手记下三至四件需要仔细思考和规划的问题，也就是你没有时间进行思考的问题，过一阵子你有空时腾出时间进行思考。你可以当天下班回家后抽出半小时的思考时间，或者连续记录一个星期，周六抽出几小时进行思考。前提是不要积攒太多问题，造成自己灰心丧气，望而生畏。

我在《为改变而思考》这本书中鼓励读者营造自己的思考场所，比如我的办公室里有把"思考椅"，我只有思考时才会坐到那张椅子上。那本书出版以后，我发现关于怎样正确使用思考椅，我解释得不够清楚。开会时很多人告诉我，他们也坐过自己的思考椅，但是没有任何奇思妙想。我会向他们解释，我不会毫无计划地坐在椅子上，等着好主意从天而降。我通常会思考我随手记下的问题，因为有时我终日忙碌无暇顾及。我拿着列表坐在椅子上，将列表在面前展开，然后按照所需时间进行思考。有时我会坐在椅子上评估自己做出的决定，有时反复思考即将做出的决定，有时制定发展战略，有时努力在充实某个想法的过程中加入创意。

花一分钟进行思考，常常比一小时的谈话和茫然工作还要高效。

我鼓励读者按照这种方式管理自己的思维。如果你之前从未尝试过，那你一定会对成果惊讶不已。而且要记住，1分钟>1小时，花一分钟进行思考，常常比一小时的谈话和茫然工作还要高效。

6. 管理你的言论

篮球名帅约翰·伍登曾说过："你要向我展示你实际行动，而不是花言巧语。我相信每个领导与下属交流时都曾说过或者至少想过这句话。"领导者重视行动，如果让他们打破这种长期形成的习惯，转而听取你的意见，那你的观点必须要充满价值，一定不能让领导失望。

在《福布斯商界思想精编》一书中，作者引用了埃米尔·德·吉拉丹的话："话语的力量是无穷的，一句金玉良言能够阻止前进的军队，反败为胜并拯救整个帝国。"如果你想让自己的话语更有分量，那你需要仔细斟酌。好消息是如果你管理自己的思考并充分利用专注的思考时间，那在管理自己的话语方面你也会有所进步。

大卫·麦金利（David Mckinley）就是一位全方位领导者，他管理着得克萨斯州布兰诺的一家大型企业。他给我讲过一个故事，那年他刚从学校毕业找到第一份工作，他要进行一次重要的拜访，于是决定请高层领导与他同行。到达之后，大卫满怀热情、喋喋不休，没有给领导发言的机会，直到拜访结束，领导只得干坐一旁。

他们回到车里，大卫的领导告诉他，"我还不如留在办公室呢"，然后继续向大卫解释自己来到这里如何多余。大卫告诉我，"那天我学到了很多经验教训，有高层领导在场时，下属一定要'有所收敛'。领导诚挚的忠告和指正增进了我们的关系，使我一生受益无穷"。如果你有重要观点一吐为快，那一定要简明扼要。如果某些想法无关紧要，那最好还是保持沉默吧。

7. 管理个人生活

你可以在工作岗位上顺利完成各项工作并有效管理自己，但是如果你的个人生活一团糟，那还会让你的一切陷入泥潭。如果一个领导遭遇离婚或者疏远子女，那他的晋升之路一定布满荆棘。多年以来我一直为他人提供咨询服务，根据经验，任何事业的成功都不能弥补家庭的失败。

> 最亲近的人也是最爱我、最尊敬我的。

多年以来，我对成功的定义之一是：让最亲近的人最爱我、最尊敬我，这才是最重要的。对我来说，妻子、儿女、孙子孙女的爱是第一位的，然后才是同事的尊重。请不要误解我的意思，同事的尊重对我来说也至关重要，但是我不会以牺牲家庭为代价。如果我在家庭生活中无法有效管理自己，那这种负面影响就会延伸到生活的方方面面，包括工作。

如果想要向上领导，那你必须先学会领导自己。如果做不到这一点就会缺乏信誉，就会出现下面的情况：

如果我无法领导自己，那他人不会服从我的领导
如果我无法领导自己，不会赢得他人的尊重
如果我无法领导自己，他人将不愿与我合作

不管你渴望影响领导、影响同事还是影响下属，这些规律都适用。你越明确自己应该怎样做，那你影响他人的可能性就越大。

原则二

为上司减负

英语中有个"Pass the buck"的说法，也就是逃避或推卸责任。据说这种说法来源于古代西方的打牌游戏，人们用一把巴克刀（Buck knife）来指定分牌者，如果某人不想分牌，可以把机会给别人，这就叫作Pass the buck。

哈里·杜鲁门（Harry Truman）担任美国总统时，他曾经在桌上竖起一块标志，上面写着"责无旁贷"。杜鲁门想向人们传递这样一个信息，不管指挥层上上下下的人怎样推卸责任，他都会勇于承担。1952年12月19日，杜鲁门在美国国家战争学院的演说中讲道："你们都知道，对一个橄榄球队的四分卫来说，在比赛结束后的星期一早上，数落教练比赛时的失误是很容易的；但是当决策摆在你面前时，我就会想到办公桌上'责无旁贷'这句格言，我一定要做出决策。"在另一个场合他也说过："任何总统都要制定决策，他无法将责任推卸给任何人，没有人能帮他做决策，这是总统的工作。"

对领导者而言，责任同样重于泰山。他们在企业的职位越高，其责任就越重。作为美国总统，杜鲁门肩负着整个国家，领导者可以放弃很多任务，也可以将很多任务委派给他人，但是顶层领导唯一不可推卸的就是最终责任。

为领导减负就是为自己减负

作为员工,两种情况你只能选择一种,要么为领导减负,要么为领导增压。就像《与人共赢》一书中的"电梯法则"一样,在日常交往中,你可以为他人减负,也可以为他人施压。如果为上司减负,你就能帮助他取得成功,从而推动企业成功;否则,如果你的上司惨遭失败,那你成功的可能性就微乎其微。

领导者可以放弃很多任务,也可以将很多任务委派给他人,但是顶层领导唯一不可推卸的就是最终责任。

我想强调一点,为领导减负时你的动机也很重要。我的建议是为提升与领导的关系而不是拍马屁。这并不意味着对领导笑脸相迎、希望借此得到晋升的人动机不纯或者人品差劲,他们只是精力分配失误。优秀的上司能够分辨出你是真心实意为领导分担,还是虚情假意、阿谀奉承。

帮助领导减负受益良多,下文中就举出了几个例子。

1. 为表明你是团队一员

提到完美的队友我就会想到音久管理顾问公司的总裁柯克·诺维(Kirk Nowery),他刚来音久时是我们的"马路勇士",经常在外奔波,负责教会咨询,为牧师和信徒提供音久的信息和服务。但是我每次碰到柯克,他都会问我相同的问题:"约翰,有什么需要帮忙的吗?"通过这种方式,我意识到他是团队的一分子,甘愿尽最大努力推动音久成功。如今他管理着这家企业,每次见面他仍会问我那个问题。如果我有事需要他帮忙,大到实现一家大型企业的目标,小到解决个人问题,他都会出色完成任务。

2. 表达你对团队心怀感激

中国有一句谚语,"饮水思源"。感恩是最具吸引力的个人品质之一,但很少让人看得到。我必须承认,我的同事面对感恩从不疏忽大意,他们满怀感激。他们减轻了我的负担,分担了我肩上的重担,表达出了他们的感激之情。由于他们对我关怀备至,我也会对他们悉心照料。

3. 增强你的归属感

2005年2月,EQUIP团队的几名员工、若干领导力志愿讲师、赞助商及潜在资助者同游欧洲,开展"百万领导者计划"。这段经历奇妙无比,因为我们受到了英国、德国、乌克兰和俄罗斯领导人的接见。

> 如果你助上司一臂之力,那你就会成为更大的团队中的一员。

我们在10天的时间内走访了很多国家,我们经常上午飞抵一个国家,下午花时间观光游览,然后晚上或次日与重要领导人会面。我们急匆匆辗转于各地时,或共同乘坐大巴在机场、酒店和会议厅穿梭时,EQUIP副总裁道格不断提醒大家EQUIP的愿景和百万领导者计划,也就是在六大洲培训100万名精神领袖。

道格是一位杰出的领导,他总是提醒我们,此时此刻采取的行动服务于更大的目标。如果你助上司一臂之力,那你就会成为更大的团队中的一员。每个人都渴望加入优秀的团队,加入更大的团队还有一个好处,那就是增加你的能力。只有改变自己才能为团队做出突出贡献，如果你想提升自己，那就加入更加优秀的团队吧。

4. 帮助你赢得关注

助人一臂之力，他人一定会注意到你，即使局外人不明白你的所作所为，得你相助的那个人一定记在心里。毫无疑问帮助他人并非一劳永逸，仅仅助人一次无法帮助他人增值，如果你想通过为他人增值而推动自身发展，那你一定要坚持不懈。

帮助频率	领导的反应
1~2次	"谢谢"
多次	"我需要你"
持续	"我来帮助你吧"

如果你不断帮助他人，那最终他人也愿意助你一臂之力，即使从不投桃报李，那其他同事看到你乐于助人，他们也会伸出援助之手。别忘了，关键不在于负担有多沉重，而在于你如何承担。

5. 提升你的价值和影响力

你有这样的朋友或家人吗？他们总能助你一臂之力，你们每次共处，他都能提升你的价值。如果你有，那他一定在你心目中占据重要位置。同理，乐于助人者在领导心目中也占据重要位置。

站在高层领导的角度，他们会提出这样一个问题："他们加入这个团队对我有利吗？"这才是领导者的底线。如果上司认为你加入团队能为他们增光添彩，那你的价值就会凸显出来了，影响力也会上升。

招聘员工两年之后，我也问自己这个问题。我是天生乐天派，因此长期以来我对他们满怀热情，过了许久才平静下来，切实观察他们的工作表现，其他领导者评估员工表现的时间一定早于我，但我仍建议悲观主义者打消自己的疑虑等待两年再做评估。

> 你为上司减负，上司也会帮助你。

如果你为领导分担，那你的负担一定会更加沉重。中层领导本来就面临着重重困难，更何况还要承担更多负担，但是别忘了，你为上司减负，上司也会帮助你。

怎样减轻领导负担

读者已经了解了为领导减负对自己有诸多好处，可能也想到了一些实施途径。我建议读者相信自己的直觉。如果你不确定从何入手，那笔者将在下文中给出若干建议。

1. 首先做好本职工作

棒球名人堂选手威利·梅斯（Willie Mays）说："在体育运动中偶尔表现突出并不难，难的是每天都表现突出。"如果你每天都出色地完成工作，那你就成功迈出了为领导减负的第一步——因为领导不必花费精力帮助你完成工作。

> 在体育运动中偶尔表现突出并不难，难的是每天都表现突出。
> ——威利·梅斯

我曾经有一个员工，他经常提出为我分担。刚开始我心想："多好的态度啊！"可是后来我发现情况不是这样。虽然他不断提出帮我分担，但是似乎从来完不成本职工作。发现这个问题以后，我找他谈话并告诉他为我分担的最佳途径就是做好本职工作。然而没想到,他仍然忽视自己的工作,不断要求为我分担。最后我总结出,他只想花时间与我相处,而不是帮助我完成工作。不久后我出于无奈只能将他解雇了。

2. 发现问题后,积极寻找解决途径

我很喜欢史努比动画中露西走向查理·布朗,后者靠在墙上,双手抱头。露西看着他问道:"查理,你又郁闷了?"

"你知道问题在哪吗?"露西见他并不回答,接着说道,"你的问题就在于你自身!"

"好吧,那我究竟怎么解决呢?"查理恼怒地回答。

露西说:"我可不想假装为你提供建议,我只是指出问题所在。"

为上司分担可不能效仿露西的做法。正如亨利·福特所说:"不仅要发现问题,还要找到解决方案。"

多年前我曾领导过一个企业,就像领导着一群露西这样的下属,他们不断向我倾吐问题,然后一走了之继续寻找新的问题。于是我设立了一条规定:每个带着问题来找我寻求帮助的员工,向我反映之前必须想出三个可能性解决方案。我这样做的原因是不愿帮助他们吗?当然不是,我的出发点是帮助他们学会自助。很快他们就变得创意十足,足智多谋。随着时间的推移,他们需要的帮助越来越少,逐渐成为优秀的决策者和领导者。

3. 直言不讳而不是曲意逢迎

出于直觉,优秀的领导者视野比他人开阔,也能提前发现问题。原因在于他们能够通过领导者的角度,看待一切事物。

但是如果他们领导的企业规模扩大,他们就会丧失优势,变得孤立无援。那怎样补救呢?他们会要求身边的人帮助自己发现问题。

> 很少有高层领导希望身边布满唯唯诺诺的人。
>
> ——伯顿·毕格罗

对于自己信赖的人，大多数优秀的领导者愿意征求他们的意见。销售专家伯顿·毕格罗（Burton Bigelow）说："很少有高层管理者希望身边布满唯唯诺诺的人，这些人最大的劣势通常在于，唯唯诺诺的人在管理者四周建立起虚幻的围墙，而管理者最需要的却是不加修饰的事实。"

想要赢得上司的信任，一种方法就是直言相告。在生活中最能为我分担的人就是我的助手琳达。每次见到她，我都会请她帮助我保持状态。没错，在每件事上我都充分信任琳达，与她共事就像同时拥有两个大脑。

我们刚开始共事时，我要求琳达碰到坏消息时对我直言不讳。我不喜欢她绕来绕去或者顾及我的感受。如果我即将得知坏消息，我希望能在第一时间直面噩耗。我对琳达承诺，作为回报，我永远不会迁怒于她。如果你问琳达，我相信她一定会承认我遵守诺言。

如果你从未坦率地对上司直言相告，那你需要鼓起勇气。艾森豪威尔曾在二战期间担任将军，后来成为美国总统，他曾说过，"勇敢是成功的一半"。如果你对上司坦率直言，那可谓助人助己。刚开始委婉提出小的建议，如果上司乐于接受，那日后逐渐坦率直言。如果有朝一日上司不仅乐于听取你的意见，还主动询问你的观点，那记住这一点：你的职责就像漏斗，而不是过滤器。注意在传达信息的过程中不得胡编乱造。即使遭受打击，优秀的领导仍需要事实。

4. 做好"分外"工作

> 多走一英里就没有交通堵塞。
> ——金克拉

激励型销售专家金克拉（Zig Ziglar）曾说过："多走一英里就没有交通堵塞。"如果你完成额外的工作，那你一定会超越他人。如果你甘愿付出一切努力推动企业发展，那你就会成为企业的关键人物（我会在本节第八章进一步探讨）。在团队中出类拔萃的人将成为上司核心集团中的一员，上司对他们的期望值更高，希望他们能树立"完成额外工作"的观念。领导希望核心集团成员完成额外的工作，承担额外责任并进行额外思考。但同时优秀的领导也会给予他们额外的回报。

5. 尽可能拥护领导的决策

助领导一臂之力就意味着尽可能支持并拥护领导的决策。美国前军队总指挥兼国务卿科林·鲍威尔(Colin Powell)曾说过："如果我们正在讨论问题，那忠诚就意味着直抒己见，不用考虑我是否高兴。在这种情况下，不同的意见能对我起到鼓舞作用。但是决策一经制定，那讨论到此为止。从这时开始，忠诚就意味着将决策视如己出，坚决执行。"

6. 尽可能为领导代言

企业的每个员工都代表着企业，每个层级的员工也代表着各自的上司。因此员工可以选择挺身而出，代表上司为企业做出贡献。

几年前，我曾对新招聘的领导者说过，企业的每个员工都随身带着两只桶，一只装水，一只装汽油。管理者经常碰到火苗，他们可以浇水也可以浇汽油，就看他们如何选择了。

7. 咨询领导如何为其分担

预测上司的所想所需是一个好办法，但是如果能主动询问就更好了。如果你出色完成本职工作，那上司很有可能乐于告诉你如何为其分担。

多年来我一直担任咨询师和演讲者，我发现这两个领域的从业人员有两种工作方式。一种咨询师来到企业然后说："我来讲讲我的观点，请大家就坐并认真听讲。"另一种咨询师说："我应该给大家讲什么呢？下面我们来一起探讨。"同理，一些演讲者走上讲台，认为应该抓住时机大放异彩，于是很快告诉听众如何助上司一臂之力；还有一些演讲者认为应该抓住时机，为邀请他们到此演讲的领导创造价值。

随着我日渐成熟并积累经验，我努力效仿第二类交流者。就像很多年轻的领导者一样，刚开始我也将注意力集中于自身。但是后来，我意识到他人邀请我演讲，我应该为邀请我的领导者服务。我想为他们创造价值，尽可能为他们减轻负担。为了实现这个目标，我会向他们询问三个问题。

> 我能讲您之前讲过的话吗，从而再次强调？
> 我能讲您想讲但不方便讲出的话吗，从而表达您的观点？
> 我能讲您从未讲过的话吗，从而做您的"传声筒"？

大多数情况下，杰出的领导会给出肯定的答案。他们总是想法超前，考虑企业的发展方向和发展途径。如果有人咨询如何帮忙，他们一定非常高兴，关键是有人提出这些问题。

原则三

心甘情愿做别人不愿意做的事

成功人士会承担普通人不愿意做的工作。

——约翰·马克斯维尔

据说南非的一个救援团体曾给传教士兼探险家大卫·李文斯顿写信问道:"有没有好走的路通往你的所在地呢?如果有的话请告知我们,以便我们派遣其他人加入你的团队。"

李文斯顿回信称:"如果你派来的人以路线好走为前提,那他们对我来说毫无用处。我需要的是那种即使没有道路也会奋力前行的人。"高层领导对员工也有这样的要求,他们希望一些员工能心甘情愿做别人不愿意做的事。

> 如果员工甘愿为工作付出一切努力,那他很快就能得到高层领导的赏识。

如果员工甘愿为工作付出一切努力,那他很快就能得到高层领导的赏识。这是全方位领导者的必备品质。他们必须愿意并能够突破职位规定进行思考，心甘情愿完成他人因骄傲或恐惧而不愿接手的工作。正是这些工作促使全方位领导者出类拔萃。别忘了，吸引上司的注意是向上领导的基础之一。

为他人所不愿为的含义

可能你已经具备为工作付出一切努力的态度，如果某项任务正当，合乎道德和利益，那你一定愿意为其努力。如果情况如此，那非常不错。你只需要找到方法，将这种态度付诸实际行动，这样，你所做的工作就能产生最大的作用并影响他人。想要成为全方位领导者并影响上司，我建议读者从下面的十大要求入手。

1. 全方位领导者承担最困难的工作

如果一个人能够完成棘手的工作，那他会很快赢得他人的尊重。

在工作、家庭和日常生活中会不断发生问题。据我观察，人们不喜欢问题，不惜一切代价摆脱问题。这种思想能促使人们将领导的缰绳交到你手上——前提是你愿意帮助他人解决问题，或者培训他人解决问题。人们不断面临问题，因此你解决问题的能力永不过时。

> 棘手的任务才能使你学会张弛有度、不屈不挠，艰难的抉择和难以实现的目标才能锻造出合格的领导者。

接受棘手的任务不仅使你赢得尊敬，也能帮助你成为更加优秀的领导。棘手的任务才能使你学会张弛有度、不屈不挠，艰难的抉择和难以实现的目标才能锻造出合格的领导者。

2. 全方位领导者有舍才有得

美国前参议员山姆·纳恩（Sam Nunn）曾说过："你必须付出代价，生活中的每件事都需要你付出代价，而你必须判断回报是否值得你付出的代价。"想成为全方位领导者，你也要付出代价：为了领导他人，你必须放弃其他机会。你要为他人利益放弃个人目标，你要脱离安乐窝，接受崭新的任务，你要克制厌恶情绪，不断学习不断进步，你要不断将他人的利益置于自身利益之前。如果你想成为出类拔萃的领导者，在你达到这些要求的同时还要保持低调，毫无怨言。不过别忘了，正如美国橄榄球联盟传奇人物乔治·哈拉斯（George Halas）说的那样："全力以赴的人从不后悔。"

3. 全方位领导应态度谦卑

我认为领导力至关重要，这一点也体现在我的座右铭中——成也领导，败也领导。经常有人问我，自负对领导力影响如何。他们想知道领导者该如何避免自高自大，我认为答案就在于每个领导者的晋升之路，如果人们付出代价并在身份卑微时拼尽全力，那自负通常不成问题。

《旧约》中摩西的生命历程就是很好的例子。他是希伯来人，40岁之前一直生活在埃及的宫殿中享受贵族生活。但是在他杀了一个埃及人之后，被流放到沙漠长达40年，上帝命令他担任牧羊人和神父，经过40年虔诚、卑微的服务之后，上帝召唤摩西执掌领导大权。《圣经》中记载这时他已成为世界上最谦卑的人。

比尔·帕维斯（Bill Purvis）是乔治亚州哥伦布市一家大型教堂的主任牧师，他说过："如果你在现有的地位上充分利用一切资源，付出一切努力，那上帝不会让你一直停留在这个地方，而且他会增加你的财富。"

英国小说家兼诗人艾米莉·勃朗特（Emily Bronte）也说过："如果条件允许，我情愿平静而卑微地工作，让成果见证我的努力。"很多人不愿像她一样保持低调，但是对领导者来说，学会在卑微中工作非常重要，因为它能测试个人品格。关键在于你做某件事的出发点应该是这件事的意义，而不是引起他人的关注。

4. 全方位领导擅长与难缠的人相处

公司的基层员工通常无法选择自己的同事，因此他们经常碰到性格难缠的同事。与之相反，高层领导很少碰到性格难缠的同事，因为他们拥有自主选择权。如果一同工作的人很难缠，那高层领导通常将他炒鱿鱼或者调动到其他部门。

中层领导又是另一种情况。他们在选择同事时有一定的自主权，但无法完全控制。他们无法彻底摆脱难以相处的同事，但是可以避免与他们共事。但是杰出的领导学着向上、横向和向下领导，他们能想到办法与性格不好的同事融洽相处。他们为什么这样做呢？因为这样做对公司有利。那他们是怎样做到的呢？他们努力找到彼此的共同点并主动联系性格难缠的同事，他们不会要求这些同事换位思考，而是自己主动换位思考。

5. 全方位领导者自愿冒险

我在前文中提到，如果你想向上领导，那你必须在同事中脱颖而出，你已经付出了自己的代价，也秉持卑微的工作态度，还需用哪些方法才能做到这一点呢？有一种方法就是"敢于冒险"，你不可能既明哲保身又脱颖而出。

> 你没有权利拿公司的利益冒险，如果你打算承担风险，那只能赌上自己的利益。

在公司中层勇于冒险面临着一个棘手的问题，那就是你不应随意拿他人的利益冒险。我将其称为"拿他人的金钱打赌"。你没有权利拿公司的利益冒险，也不应给公司的其他同事造成重大威胁。如果你打算承担风险，那只能赌上自己的利益。一定要随机应变，不要过分小心谨慎。

6. 全方位领导者积极承认错误，不找借口

从失败到成功比从借口到成功更容易，我向你保证，如果你积极承认缺点，不找任何借口，那上司会更加信任你。当然，这并不意味着绩效无关紧要。垒球教练和导师麦克唐纳·瓦伦丁（Mcdonald Valentine）说过："你的层级越高，他人能接受的借口就越少。"

> 从失败到成功比从借口到成功更容易。

公司中层是发现自身问题并解决问题的绝佳位置，你可以在这里发掘自己的领导优势。如果你在某个领域存在缺陷，那你可以努力克服这些缺陷，如果你总是犯同一种错误，那你可以学着跨越这些障碍，也可以发现自己的弱势所在并与他人进行合作。但是无论如何，不要找任何借口。财富集团总裁史蒂文·布朗（Steven Brown）将这个问题总结为："实质上，生活中有两类行为——表现和借口，如何选择，完全取决于你自己。"

7. 全方位领导者完成的工作超越预期

人们对高层领导的期望值很高，不幸的是，在很多公司中人们对基层员工的期望值偏低，不过对中层领导者的期望值却相互混合。如果你完成的工作超越预期，那你就会脱颖而出，而且通常会取得优异的偶然性结果。

主任牧师克里斯·霍奇斯（Charis Hodges）是EQUIP的捐赠人和志愿讲师，他在贝城的一家大型教堂担任职员时，他的上司拉里·斯托克斯蒂尔（Larry Stockstill）曾有机会担任一档直播电视节目的主持人。克里斯与这档节目没有任何关系，而且实际上他在组织中的职位很低，但是他知道这个节目对拉里很重要，因此他来到录影棚观看第一卷录像带，结果他是唯一来到录影棚的员工。

距离首播时间越来越近，演播室里热火朝天，但是突然之间，原定参加节目的嘉宾打电话说他有事无法按时到达，热火朝天瞬时转变为惊慌失措。嘉宾觉得无所谓，因为他认为可以晚些时候再录音。但是他不知道，这档节目按计划应进行在线广播。

这时，拉里环顾四周看到了克里斯，然后对他说："今天你来当我的嘉宾吧。"工作人员手忙脚乱地行动起来，在克里斯身上装上麦克风，在他脸上拍了一点化妆品，安排他坐在拉里旁边的椅子上。然后灯光开启，摄像机旋转，这时克里斯大吃一惊，因为拉里将他介绍为联合主持。

在之后两年半的时间内，克里斯每个星期都与拉里共同出现在这档节目中。这段经历彻底改变了他，他不仅与上司建立交情，也在团体中成为名人。更重要的是，他变得才思敏捷，更善于沟通，也学到了受益终生的技能。而这一切发生的原因就是他决定超越预期完成工作。

8. 全方位领导者总是第一个出手相助

在《与人共赢》一书中，我指出第一个伸出援手能让他人倍感温暖，他们能感受到你的关心。通过帮助同事你能够赢得影响力，同理，你伸出援手帮助他人时也能赢得对上司的影响力。你应该对下面的规律深有同感。

- 第一个出手相助的人被视作英雄，受到优待。
- 第二个出手相助的人被视作帮手，略强于普通人。
- 第三个及之后出手相助的人被视作从众，被他人忽略。

不管你对谁伸出援手，上司也好，同事也好，下属也好，只要助团队成员一臂之力，你就能助团队一臂之力，也就是助上司一臂之力。因此上司会注意到你并心怀感激。

9. 全方位领导超越职责完成任务

对领导者来说，最沮丧的事莫过于下属以"这不是我的工作"为理由拒绝某项任务（在这种情况下，我认识到大多数高层领导恨不得直接将这种员工炒鱿鱼）。优秀的领导不会受到职责限制，他们理解"目标比角色更重要"。

全方位领导的目标就是完成工作，实现公司和上司的愿景。这一目标通常需要他们付出一切努力。高层领导可以雇他人代替自己完成工作，但是中层领导不具备这种选择，他们只能身临其境，自己动手。

10. 全方位领导积极承担责任

最近我看过一幅漫画，一位父亲在儿子睡前为他读故事书，封面上的书名是《工作的故事》，儿子只问了父亲一个问题："为什么他不去责备别人呢？"

今时今日，这正是很多人的思维方式。一旦遭遇困难，他们的第一反应就是推卸责任，指责他人。全方位领导并非如此，他们会积极承担责任，而且会全心全意负责到底。

如果我的员工推卸责任，那可能会害他们丢掉饭碗。如果他们没有完成任务，我当然会失望，但只要他们主动承担责任，我愿意与之合作并推动其进步。因为我知道只要他们主动承担责任，虚心好学，那他们就会努力提升自己。但是如果员工既没有完成任务又拒绝承担责任，那他们无法取得任何进步。如果出现这种情况，那我会将他们解雇，招聘其他人来顶替他们的职位。

潘尼（J.C.Penny）曾说过："除非你心甘情愿比普通人付出更多努力，全心全意投入工作，否则你永远没资格身居高位。"在我看来，如果做不到这个要求，那你也没资格身居中层。想要为他人留下深刻印象的人甘愿承担他人不愿接受的任务，正是这个原因，上司愿意为他们提供资源，提拔他们并受其影响。

原则四

领导——做的要比管理的更多

人们经常问我管理者和领导者之间有何区别。简而言之，我的观点是：管理者与工作进程打交道，而领导者与员工打交道。二者对于公司的顺利运营必不可少，但是他们的职能却不尽相同。

为了帮助读者理解，请想象一艘军舰必须具备哪些要素才能确保其正常运行。这艘军舰必须具备燃料、导航和供给。它装有各式武器系统，必须保持有序运行，军舰的日常维护无休无止，而且军舰上的人员配备也有十几道流程。

以上所有流程都应得到监督，我们要按部就班，制定日程并管理库存，而这些事项必须通过人来管理。如果得不到管理，那这艘军舰永远无法执行任务。

那领导扮演什么角色呢？他们应该领导管理这些程序的人。如果所有的工作都由机器完成，而且一切程序由电脑管理与控制，那这个公司不需要任何领导，但是实际上人类完成工作并管理工作进程。人类不是机器，他们有感情，会思考，也会满怀希望，追求梦想或遭遇问题。虽然人们愿意接受管理，但他们更希望被带领。如果有人领导，那他们的表现也会更上一层楼。

> 领导者一定是杰出的管理者，但大多数管理者不一定是杰出的领导者。
>
> ——汤姆·穆林斯

根据我的经验，每个杰出的领导者都是杰出的管理者。他们从有效的自我管理入手，做到这一点之后，他们会学着在自己的专长领域内进行管理，然后不断拓展必要的技能，从而与他人共事并影响他人。他们努力理解领导力的动态变化，正如汤姆·穆林斯所说："领导者一定是杰出的管理者，但大多数管理者不一定是杰出的领导者。"

领导不仅仅是管理，它还在于——

- 员工比项目更重要
- 创新比恪守更重要
- 艺术比科学更重要
- 直觉比定式更重要
- 愿景比流程更重要
- 冒险比谨慎更重要
- 行动比反应更重要
- 关系比规则更重要
- 人品比职位更重要

如果你想影响他人，那你就必须学会领导。

超越管理的局限

如果你出色完成工作并有效管理工作进程，那你就走上了领导之路。但是想从管理者过渡到领导者，你还需要拓宽自己的思维并开始像领导者一样思考。如果你的领导之路一帆风顺，那可以将以下几点当作清单，检测自己在哪些领域还存在欠缺。

1. 领导者目光长远

公司中的很多人目光短浅，就像某人曾经说过的那样，"我的部门既有短期目标又有长期计划，短期目标就是一直将其维持下去，从而留出足够的时间着手制订长期计划"。但是全方位领导不仅仅关注眼前的任务，也不仅仅着眼于短期，他们目光长远，有可能提前预见数小时、数天或者数年。

毫无疑问，管理者必然生活在当下。他们的工作目的就是维持一切井然有序。有人曾指出，管理者的职责是正确完成工作，而领导者则是完成正确的工作。换句话说，领导者有责任确保公司维持正轨，从而保证公司在未来也能像今日一样生意兴隆。

这就需要长期思维。杰出的管理者能够确保生产线低成本高效率运行，但是如果生产线上只是大量炮制转盘式电话，那成本再低效率再高都没有任何意义。

2. 领导者能够参透领导力的内涵

很多人基于个人受影响的程度来评价某件事的意义，而领导者则善于从宏观思维考虑。他们会思考"这件事对下属有何影响"，然后考虑某件事如何影响上司和同事。他们会从整个公司的角度甚至在更大的范围内看待一切事物。

杰出的领导者能够回答以下问题：

- 我如何适应自己的领域和部门？
- 怎样将所有部门融入整个公司？
- 公司应该怎样适应市场要求？
- 市场与其他行业和宏观经济有何联系？

随着各个经济部门全球化程度的加深，很多杰出的领导者也拓宽了自己的思维。

就算不是国际经济学家，你照样能在公司中层切实发挥领导力。关键在于，全方位领导将自己的工作领域视作整体的一部分，也明白整体的各个部分之间如何协调。如果你想让自己的领导水平更上一层楼，那就拓宽你的思维并试着从更广阔的角度看待事物。

3. 领导者智无界行无限

人们从小就被训练着遵守规则：站成一排，完成家庭作业，举手提问。大多数规则是良性的，因为可以帮助我们避免混乱，大多数进程都是由规则来控制的。你在二楼的窗户上扔一块砖头，你知道它将坠落在地；你忘记为办公用品下订单，那订书钉就会用光。这只是简单的因果关系。

管理者通常依赖规则来确保他们所监管的程序维持正轨。实际上，我在本节"原则一"中介绍过，自我管理大致相当于自律，就是将自己制定的规则坚持到底。但是想要突破管理层，你必须创新思维。

领导者要突破界限，他们喜欢另辟蹊径，追求精益求精并渴望进步。这一切都意味着进行变革，淘汰旧规，另立新则。领导者经常思考"为什么要这样做呢"，并说"试试这种方法吧"。领导者想要开辟新的领域，而这通常意味着跨越界限。

4. 领导者重视无形"资产"

通常情况下，人们能够管理看得见摸得着、易于估量的事物。它们能提供实实在在的证据。在做出决策之前，你可以在逻辑上对其进行评估。

但是领导力却是无形的博弈。还有什么能比领导力更加无形呢？领导者要与士气、积极性、动力、感情、氛围和时机打交道。在完成某项工作之前你无法衡量它耗费的时间，你也无法确切算出动力的大小。这些只能依靠直觉，想要衡量这些因素，你必须把握其隐含意义。面对这些因素，领导者必须做到得心应手，更重要的是充满信心。

在很多时候，公司里的领导者面临的问题并非根本问题。比如，一个部门的支出在季末超出预算10万美元，那根本问题不在于资金，赤字只是问题的表象。根本问题可能在于销售人员士气低落，或是推出产品时机不对，也可能是部门领导的态度有问题。领导者要学会将注意力集中于这些问题。

退役陆军将军汤米·弗兰克斯(Tommy R.Franks)严于自律，能够考虑到无形因素并为之做好准备，我非常推崇他的方法。自从他1988年2月23日任职以来，职业生涯中的每一天都以对未来负责的态度进行工作。每天早晨他会将一张3英寸×5英寸的空白卡片放在日历旁，在一面写好日期并写上"今天我面临的最大挑战"，然后在下面记录有可能面临的五大问题。在卡片背面，他会写上"今天有可能出现的机遇"，然后具体列出。

弗兰克说："自从1988年2月的那个星期四开始，每天早晨我都会列出这一天有可能出现的挑战和机遇。积累了5000多张卡片之后，我仍在坚持。卡片本身并不重要，重要的是卡片促使自己为每一天做好准备。"

> 相信你的直觉，它们通常源于潜意识层的事实。
>
> ——乔伊斯·布拉泽斯

5. 领导者相信直觉

领导者怎样学习应对无形因素呢？他们需要相信直觉。我很喜欢心理学家乔伊斯·布拉泽斯（Joyce Brothers）说过的一句话"相信你的直觉，它们通常源于潜意识层的事实。"

相对于有形因素和实践，你将越多的注意力放在无形因素和原则上，那你为未来积累的信息量就越大，你的直觉也越敏锐。单凭直觉不足以成事，但你绝不能忽视自己的直觉。

商界教授、顾问和领导力专家沃伦·本尼斯(Warren G.Bennis)说："整个大脑思考的一部分在于信任爱默生所说的'受祝福的冲动'，也就是预感和想象，它们能在一瞬间为你闪现出最明智的决策。"每个人都有预感，但是领导者选择相信预感。

6. 领导者为他人加油打气

管理与控制密切相关：管理者要控制成本、质量和效率。很多优秀的管理者难以扭转思维方式像领导者一样思考，这正是原因之一。领导与控制无关，重要的是放手。

杰出的领导者弃权利于不顾。他们发掘优秀的人才，为他们投资，然后为他们授权并放手任其施展才能。这个过程并非一帆风顺，甚至经常陷入混乱，得不到控制。领导者越是英明，那看到团队成员另辟蹊径完成任务就越欣喜。至于领导者中的翘楚，如果团队成员的表现胜过为之授权的领导者，那这些领导一定认为再好不过。

7. 领导者将自己视为改变的媒介

心理学家兼作家查尔斯·加菲尔德（Charles Garfield）曾说过：

> 佼佼者……不会认为成就是一成不变，也不会将其视为避风港，认为自己功德圆满、尽善尽美而止步不前；也不会有佼佼者对挑战、刺激、好奇和惊奇失去兴趣。与之相反，他们最迷人的特点就在于着眼于未来，而且这种才能极富感染力。他们会创造新的挑战，并伴随着"诸多任务有待完成"的心态生活下去。

领导者也是一样，他们不喜欢事物一成不变，他们渴望创新，热爱新的挑战，不仅仅满足于见证进步，他们想要做出共享。

领导力始终是一个移动目标。如果你想成为更加优秀的领导者，那就要对改变得心应手。如果你想向上领导，那就要学会像领导者一样思考，将员工、进步和无形因素考虑在内。

原则五

为人际关系投资

一切顺利的领导关系都建立在人际关系的基础之上，如果他人与你相处不融洽，他们就不会追随你。这一原则适用于向上领导、领导同事和领导下属。想要增强对上司的吸引力，就要跟上司搞好关系。如果你能做到在适应上司性格的同时坚持自己的原则并保持正直，那你就能做到向上领导。

> 如果他人与你相处不融洽，他们就不会追随你。

我经常告诉领导者，他们的职责就在于联系下属。在理想情况下确实应当如此。然而实际上，有些领导从不联系下属。作为全方位领导，你一定要主动承担这一责任，既要联系下属，也要联系上司。如果你想向上领导，那你就必须承担责任，主动联系上司。你可以从以下几方面入手。

1. 倾听上司的心声

医生通过听患者的心跳得知他的身体状况，你也要聆听上司的心声，从而了解他的心头之事。这就意味着在非正式场合稍加留意，比如大厅里的对话、午饭席间、会议开始之前或结束之后的非正式时间。如果你很了解上司，与他关系不错，那你就可以直接提出问题，询问他在情感层面上有何重要影响因素。

如果你不知道从何入手，那可以把注意力集中于以下三大领域：

- 上司为何笑，说明这些事使他非常快乐；
- 上司为何哭，说明这些事最能触动他的心弦；
- 上司为何唱歌，说明这些事能带给他强烈的成就感。

所有人都有梦想和问题，也有与之密切相关的各种素因，这些因素就像他们生命中的钥匙。暂且从自己的角度出发，你知道哪些事情最能触动你的心弦吗？它们与你"相互联系"的标志是什么？你能在上司身上看到这种标志吗？仔细寻找，你很有可能找到这些标志。

很多上司唯恐下属看穿他们的心思，因为他们觉得这样会暴露自己的弱点。因此不要随意运用这个方法，也不要轻率对待这个话题，这样一来你会辜负上司的信任。另外，不要为了个人利益运用这把"钥匙"来操纵上司。

2. 了解上司的头等任务

领导对自己热爱的工作满怀感情，而头等任务则是必须完成的工作，也就是他们待办事项上的头等任务。所有领导都要完成任务，否则就无法尽到自己的责任。上司的上司规定了若干工作任务，你的上司如果完不成只能辞职走人。你要立志了解这些优先任务。对这些职责和目标越熟悉，你就越能理解上司并充分与之交流。

3. 把握上司的热情所在

如果你与某人意气相投，那与之合作就会更加容易。如果你和朋友讨论感兴趣的话题，比如某个共同爱好，那你在讨论过程中会忘记时间，可能谈论数小时也不知疲倦。如果你能把握上司的热情所在，那它同样能为你注入活力。同时在你和上司之间建立纽带。如果你和上司共享这种热情，那你一定会将它传给他人，因为热情无法受到限制。

4. 拥护上司的愿景

如果顶层领导听到他人传播由领导制定的愿景，那他们一定非常欣慰，因为自己得到了回报。这就代表着一种临界点，用作家马尔科姆·格拉德威尔（Malcolm Gladwell）的话说就是，这种情况说明员工具备主人翁意识，这是一个好兆头，员工将会付出努力实现愿景。

> 企业某个员工欣然接受愿景并将它传递下去，那愿景就会进一步丰满。

如果企业的中层领导拥护顶层领导的愿景，那就会得到顶层领导更多尊敬。顶层领导认为你理解并支持企业的愿景，能为企业带来巨大的价值。企业某个员工欣然接受愿景并将它传递下去，那愿景就会进一步丰满。换句话说，每次愿景作为接力棒传递给下一个选手，那他就可以让愿景更靠近终点。

如果一个颇具影响力的人对企业的愿景给予口头支持，你可不要小看这种力量。这种力量也体现在商界。比如，据我观察发现，大多数书籍在出版后6个月内的销量取决于营销、配送和出版商（有时也包括作者）举办的促销活动。而之后的销量则完全取决于读者的口碑。如果读者喜欢这本书,他们就会将它推荐给他人。实际上正是读者将作者的愿景传递下去,同时证明这本书颇具价值。

作为中层领导,如果你不确定上司有何愿景,那就要与他交流,向他询问。如果你认为自己理解这一愿景,那就在适当的场合引用上司的话语,从而确保你和上司处于同一阵营。如果你对愿景有正确的理解,那上司一定会显露出满意的神情。然后将这一愿景传递给在你影响范围之内的员工,这对整个企业、你的下属、上司和你自己都有好处。传递上司的愿景,上司才会提拔你。

> 传递上司的愿景,上司才会提拔你。

5. 了解上司的兴趣爱好

吸引上司的关键之一就在于了解其兴趣爱好。你知道上司在工作中最关心的头等任务吗?如果你知道那值得表扬,但是上司在业余生活中有何兴趣爱好呢?你能列举出来吗?

充分了解上司并在工作之外以个人名义与他建立交情非常重要。如果你的上司喜欢打高尔夫,那你也要开始练习,至少了解一下这项运动;如果上司喜欢收集珍稀书籍或瓷器,那就花点时间浏览网页并了解这些爱好;如果上司喜欢在周末制作精美的家具,那你就订阅一本木工杂志。你不必亲身培养这种兴趣并成为专家,只需有所涉猎,与上司谈起这个话题时能够妙语连珠。

领导者有时感到孤独,也会好奇是否有人理解自己。虽然你无法理解上司的工作状况,但你可以在一定程度上理解上司。如果上司认为自己和下属之间缺乏真挚的交情而倍感孤独,那你的理解一定会为他雪中送炭。如果你在中层也感到孤独,那这种交情也能为你带来温暖。

6. 了解上司的性格

两个职员正在议论企业的总裁。其中一个说道:"你知道吗,总裁真招人喜欢。"

另一个答道:"当然了,要是不喜欢他,你会被炒鱿鱼的。"

领导者习惯于强迫他人适应自己的性格。身在中层,你在领导下属时也希望他们顺从你的性格。我的意思不是这种方式不合理或者满怀恶意,你也不会像前面的笑话中那样开除讨厌自己的人。如果你坚持自己的性格,那你一定希望下属能够适应。但是在向上领导时,你必须适应上司的性格。如果有上司愿意适应下属的性格,那可真是凤毛麟角。

理解上司的性格并研究如何使自己的性格与之适应,可谓是明智之举。如果你阅读某些测验性格的材料,比如DISC测验、迈尔斯·布里格斯指标(Myers Briggs)和妮蒂雅性格解析(Littuaer's Personality Plus),那你就能洞悉上司的思考和工作方式。在多数情况下,只要价值观和目标相同,性格对立的人也能融洽相处。脾气暴躁的人和不急不躁的人能顺利共事,乐天派和忧郁派也能互相欣赏。往往性格相近的人在一起才容易产生问题,如果你发现自己的性格和上司相近,那一定要灵活变通。如果你性格顽固,不知变通,那你和上司的关系就会挑战重重。

7. 赢得上司的信任

如果你费尽心力吸引上司,那最终成果就是上司的信任,也就是"关系货币"。多年来我一直在教授人际"关系货币"这个概念,如果你的行为加强了人际关系,那你的货币就会上升;如果采取负面行动,那货币就会下降。如果你不断犯错,不管是在职场上还是个人生活中,那都会损害人际关系,最终你会用尽一切关系货币并造成人际关系破裂。

阅历丰富的人，为人际关系投入了很多时间和精力，他们可谓经风见浪，因此他们的人际关系能承受很多问题和错误。例如EQUIP的副总裁道格·卡特，他经常向我介绍潜在捐款人。卡特和我交情不浅，我们相识、共事多年，他在职场上战绩辉煌。如果卡特偶尔判断失误，我在某位捐款人身上花费很多时间，但这个人最终对EQUIP不感兴趣，那这种情况也不会损害我和卡特的关系。对我而言，卡特的关系货币极高。

> 公开的忠诚能够换来私下的交情。
> ——安迪·斯丹利

安迪·斯丹利（Andy Stanley）是一位出色的全方位领导，他说"公开的忠诚能够换来私下的交情"。如果你在公共场合支持上司，那日积月累就会得到他的信任，在私下场合他就会对你有所偏重，这样一来你就能够得到机会向上领导。

8. 学会适应上司的缺点

销售专家兼作家雷斯·吉卜林（Les Giblin）说："如果你私下觉得某人无关紧要，那面对面时他也感受不到你的重视。"同理，如果私下因上司存在缺点而对他不敬，那你很难与他融洽相处。金无足赤，人无完人，为何不学着适应上司的缺点呢？将注意力集中于上司的优点，避开那些缺点，否则你自己的利益将遭受损害。

9. 尊重上司的家庭

我不愿在向上领导这一背景中介绍家庭的概念，但我认为确实值得一提。如果你切实履行了我的其他建议，但是上司的配偶不喜欢或不信任你，那你和上司之间的关系就会略显紧张。毫无疑问，你无法控制这一点。你只能尽量对上司的家属彬彬有礼并满怀尊敬，并尽可能通过适当的方式与他们建立交情。记住，如果你感觉到上司的核心家庭成员不喜欢你，就算你自身没有过失，它都会降低你的影响力甚至阻碍你的事业发展。

原则六

每次占用上司的时间之前做好准备

在写作本章内容时，我的书桌上放着最近一期的《时代》杂志，有一篇文章写到了比尔·盖茨和微软正在开发的Xbox360游戏系统。我不玩电子游戏，因此对这篇文章不感兴趣。但是文章第一段对比尔·盖茨的描写很吸引我，因为它强调了领导者时间的重要性。

比尔·盖茨的时间很宝贵。有些微软的员工推迟了自己的整个职业规划，只为与比尔·盖茨共处45分钟。作为世界首富，也是历史上最伟大的慈善家，每时每刻比尔·盖茨都能够而且应该离开企业，致力于解决饥饿问题或治愈重大疾病。

每个领导者都珍惜时间。英国散文家威廉·哈兹里特（William Hazlitt）写道："随着我们日渐成熟，珍惜时间的意识也会不断增强。其他一切似乎都不重要，我们会变成时间上的吝啬鬼。"但是比尔·盖茨如此年轻，他的时间为何如此宝贵呢？因为他是一位领导者，如果时间运用得当，那他所从事的工作就能改变千万人的命运。

所有领导者都认为时间宝贵。不管采取何种措施，时间只会有减无增，而且时间也是领导者从事一切工作的必要条件。因此，在占用领导的时间之前必须做好准备。虽然你对如何占用下属或同事的时间心中有数，但与上司打交道时，留给你的时间总是有限的。如果你想向上领导，那你就要遵守游戏规则。

但愿你不至于像微软的某些员工一样，耗费整个职业生涯，只为等待与上司的片刻共处。但是不管你能随时随地接触到上司，还是仅在少有的场合中得到几分钟，你都需要遵循同样的原则。

1. 投资十倍

如果你珍惜上司的时间，那上司就会看到你的价值。最好的方法就是花十倍的时间进行准备。管理学作家查理·吉布森也认同这个观点，他曾提出建议："节省时间的最好方法就是提前思考并制订计划，五分钟的思考能够节省一小时的工作。"

占用上司的时间之前进行准备还要注意一个问题，大多数顶层领导者擅长制定决策（否则他们很难得到机会在企业顶层进行领导）。但是由于缺乏信息，他们经常难以制定决策。我就碰到过这种情况，如果我的助手无法迅速从我这里得到某个问题的答案，那原因通常是她没有做好充分的准备。这种情况不会频繁出现，琳达是很优秀的，在99%的情况下，除非做好充分的准备，她甚至不会开口向我提问。她总是投入十倍的时间，每占用我一分钟就会花十分钟进行准备。

你和上司的交情越浅，你就需要投入越多的时间进行准备。上司越不了解你，你证明自己的机会之窗就越小。但是只要精心准备，你很有可能得到其他机会。英国前首相本杰明·迪斯雷利说："成功的秘诀就在于在机遇到来时做好准备。"

2. 不要让上司为你操心

并非所有的上司都高高在上，作为领导者，你应该有自己的开放策略，方便下属在碰到问题时向你提问。但你碰到过这样的员工吗？他不断提问，但从不花时间自己思考，这种情况让你抓狂吧？

在提问回答课程中，杰克·韦尔奇谈到了认真思考的重要性，他说正是这一点使一个人在同级中脱颖而出。

只有碰到自己无法解答的问题时，中层领导才应该向上司提问。收到中层领导的问题后，高层领导通常会这样想：

- 如果提问原因是百思而不得其解，那我们就麻烦了；
- 如果提问原因是懒得思考，那他们就麻烦了；
- 如果提问原因是促使每个人更快地进步，那我们将走向成功。

愚蠢的问题会造成负面影响，而明智的问题能够带来不少好处，它们能进一步明确目标，加快工作进程并激发好主意。这些都能为企业造福，并帮助你在与上司的博弈中掌握主动权。

3. 积极贡献

多年来我一直用"积极贡献"这个表达来形容某人在会谈中提出建设性意见或者在会议上为他人锦上添花。很多人做不到这一点。在现实生活中，有些人总是想成为"座上客"，不管走到哪，他们都摆出接受者的姿态，要求别人为他们服务并满足他们的要求。因为他们的态度有问题，所以他们从来不会为他人做贡献。过不了多久，招待他们的人就会筋疲力尽。

全方位领导者不会出现这种情况，他们的思维方式完全不同。他们总是想方设法为上司、同级和下属积极贡献，不管是资源、创意还是机遇。他们领会到了那句谚语中的智慧："一件礼物能为送礼者开门,并使他有机会见到伟人。"

作为企业领导,我希望下属能够贡献诸多创意。如果他们能创造并产生创意,那再好不过,但是我也很重视建设型人才,他们吸取别人贡献的创意并不断改进。通常,优秀创意和奇妙创意的区别就在于合作思考过程中产生的附加值。

在告诉他人没有按照预期增加价值时,有些领导者缺乏策略。几年前,我参观了媒体大亨威廉·鲁道夫·赫斯特(William Randolph Hearst)在加州圣西蒙的家——赫氏古堡。赫斯特喜欢邀请名流到他的庄园做客。但是只要他对某个客人感到厌烦,就会立即送客。被要求离开的客人临睡前会在自己房间里发现一张便条,上面写着"很荣幸邀请您过来做客"。

如果每次碰到老板你都积极贡献,那就不会在职场上遭遇类似命运。否则,一天工作结束时老板也会给你一张便条,只不过你的是解雇通知。

4. 有发言机会时,不要临时抱佛脚

我很羡慕那些反应迅速、能够应对困难局面的人,但并不尊敬那些毫无准备的人。如果某个人第一次临时抱佛脚,那人们通常看不出来,但是如果第三次或第四次开会时那个人仍然毫无准备,那每个人都能看出来。为什么呢?因为每次发言听起来都一样。如果人们不具备专业知识,那在即兴发言时就会把知道的一切都用上,下次即兴发言时,他人还会听到和上次一模一样的内容。久而久之,这样的人就会失去信誉。

前世界拳击冠军乔·弗雷泽说:"你可以为拳击比赛制订计划,也可以规划一生,但真正上场时,你只能依靠反射动作。在赛场的千盏明灯下,人们就能从这些反射动作中看到你每天早晨进行练习的情况。"如果你不认真工作,那早晚会被人发现。

5. 学会说上司的语言

1994年我的撰稿人查理·维瑟开始和我合作，我花了很长时间和他一起工作，帮助他理解我的想法，学习我的说话方式。查理得到了英语硕士学位，是一位很优秀的撰稿人，但是他和我思路不同。我做的第一件事就是给他我讲的前100堂领导力课程，从而帮助他理解我的交流方式。

接下来，我外出演讲时会带上他。演讲结束后我们同坐飞机或共进晚餐时我会要求他指出哪一部分是和观众的互动，他认为哪一部分是高潮。我们会一同讨论，这样我就能知道他是否明白。有时候，我也会挑出几句话和一些例子，让他标出自认为精彩的部分，然后我们再互相比较。

我和查理一起进行的一切工作都是为了帮助他学会说我的语言。如果他要为我写作，那这一点至关重要。这对每一名员工也很重要，尤其是对企业中层的全方位领导更加重要。学会上司的语言不仅能够帮助他们与上司交流，还可以代表上司与他人交流。其目标并非唯命是从，而是顺利地与上司沟通。

6. 注重结果

剧作家维克多·雨果说："人生短暂，而浑然不觉地浪费时间使人生更为短暂。"我见过的所有优秀领导都想迅速看到结果，为什么呢？因为他们更看重结果，他们的座右铭就是："别管分娩过程，直接给我看看孩子！"

刚开始与上司共事时，你可能需要花点时间分析过程，从而制定决策。在刚刚开始你必须赢得上司的信任，但随着时间推移，交情加深，你可以直接切入重点。虽然你可以解释你所作作为的一切信息，但并不意味着你应该与他人分享。如果上司想了解更多细节或执行过程，他可以主动问你。

7. 回报上司的投资

如果每次占用上司的时间你都做好准备，那上司很有可能将与你相处的时间视为投资。如果看到在他人身上的投资产生回报，那上司一定无比欣慰。

我采访过一位中层领导，他每年都会将上司去年教给他的东西全部记录下来，然后交给上司。他说："这是在记录我的感激之情，让领导知道他的投资十分宝贵，对我的成长必不可少。我意识到，如果我敞开胸怀面对学习和成长，那人们会自愿在我身上增加投资。"

在过去30多年的领导生涯中，我差不多带过6个徒弟。我喜欢和他们共处，其中有一个人是考特尼·麦克白，他是弗吉尼亚州诺福克市一个教堂的牧师。每次我和他见面，他总会说：

这是上次见面时你说的。
这是我的收获。
这是我的做法。
我做得对吗？
我能再问几个问题吗？

领导怎么会不喜欢听这样的话呢？
最近，我收到一封考特尼发来的电子邮件，内容如下。

马克斯维尔博士：
您经常说领导或老师最高兴的事就是看到自己的学生能够学以致用。昨晚我有幸来到一个大型正统犹太教堂，为庆祝安息日发表演讲。我是第一个有此殊荣的非裔美国基督徒，这段经历既震撼又成功。一对年老的犹太夫妇告诉我，希望我可以去他们的研讨会，教年轻的犹太教士怎样交流。

您在我身上的投资使我学会了如何跨越文化、宗教和社会阶层，将真理传递给所有人。昨晚我为上帝增光添彩，您功不可没。谢谢您成为我的良师益友。

我十分敬爱您。因为有您，我不仅成为更优秀的领导者，也成为更优秀的人。

你诚挚的
考特尼

考特尼不仅为每次占用我的时间做好准备，还接受我的忠告并付诸行动，与他共处其乐无穷。另外，他非常优秀，因此他发言时我会认真听讲。他做到了向上领导，在这种关系中我们可以增加彼此的价值，这就是全方位领导力的内涵。

原则七

何时进何时退

在夏天聚敛的，是智慧之子；收割时沉睡的，是贻羞之子。

——《圣经·箴言》

何时应该前进

对领导而言，时机至关重要，想要成功就必须把握进退的时机。

> 梨的一生只有10分钟是可口的。
>
> ——爱默生

想要赢得对上司的影响力，时机同样至关重要。诗人爱默生说："梨的一生只有10分钟是可口的。"等到适当的时机再发言是明智之举，在错误的时机提出闪光的创意就相当于糟糕的创意。当然，有很多情况下，即使时机并不理想，你仍然应表达自己的看法，诀窍就是具体情况具体分析。

你可以通过以下四个问题来判断前进的时机是否合适。

1. 我是否知道一些领导不知道，但他必须了解的事

每个中层领导都知道一些上司不清楚的事。这种情况不仅稀松平常，而且很有益处。有时，你可能知道一些上司不知道的事，那你应该把情况告诉他，因为这些事有可能损害企业和上司的利益。

我的弟弟拉里是一个优秀的领导者，也是个成功的企业家。他告诉员工，有两种情况必须向他汇报：出现重大问题或出现大好机遇。他想知道重大问题，是因为它会对企业产生潜在的负面影响；他想知道大好机遇，也是因为对企业的影响，只不过是积极影响。两种情况他都要加入进来，与企业和其他领导者一起应对。

怎样判断何时向上司汇报呢？据我所知只有两种办法。你可以直入主题，问上司在什么情况下向他汇报，就像拉里的做法一样。或者你可以随机应变，通过尝试和犯错，让判断力派上用场，不断与上司沟通，直到明确问题。

2. 这时该说话

有句古话说："一句及时语胜过两句马后炮。"如果几个世纪之前便是如此，那如今在信息快速流动、市场千变万化的快节奏社会中，情况更是如此。

康诺克石油公司公司总裁康斯坦丁·尼堪多斯（Constantine Nicandros）说："在竞争性的市场上，闪光的创意川流不息，但是人们粗心大意，无法快速命中敞开的机会之窗；同样的市场上也充斥着许多机会之窗猛然关上后震落的玻璃碎片。"

如果一味等待造成企业错失良机，那就冒险前进。你的上司可以忽略你的建议，但他们一定不想在事后听到"你看吧，我早知道会这样"之类的话。一定要给上司机会，让他做出决定。

3. 我的责任岌岌可危吗？

如果上司对你委以重任，那你就有责任跟进并完成工作。如果

你遭遇困难，我相信大多数领导愿意了解困难并帮助你完成任务，而不是任你自己单打独斗并以失败告终。

我和查理在合作中经常出现这个问题。查理在大多数情况下十全十美，合作十一年，我们完成了30多本书。但是查理的一大缺点是不愿寻求帮助，如果他在写作过程中碰到困难，他会加班加点，努力依靠自己解决问题，而不是拿起电话向我求助。他想要减轻我的负担，出发点很好；而且他的责任心很强（按照盖洛普咨询公司开发的"自我评估"，这也可以说是他的一大优点）。但是这种责任心对他也有负面影响，我并不希望他完美无缺，只希望我们的合作卓有成效。

4. 我可以帮助上司赢得胜利吗？

> 成功的领导者会根据适当的动机，在适当的时间采取恰当的行动。

成功的领导者会根据适当的动机，采取恰当的行动。有时你会发现一些令上司成功的良机，而上司却视而不见。在这种情况下，你应该抓住时机前进。你如何知道上司怎样定义成功呢？回顾一下发现上司的心头之事和头等大事之后的收获，如果你发现一个可以让他实现相关目标的方法，那上司一定会将其视为成功之道。

何时该后退

你要收获成功或避免失败,那明白何时前进至关重要,但是知道何时后退也许更重要。如果你保持沉默,上司可能意识不到自己错失良机。但是如果你总是在不适当的时机鲁莽冒进,那上司一定会将你扫地出门。

如果你不确定何时后退,请回答下面的6个问题。

1. 我是否为了个人私利而前进

在高层领导看来,企业中不外乎两种中层领导:一种问"你能给我提供什么",另一种问"我能为你贡献什么"。第一种想要利用有价值的上司、同事或下属来爬到高层,而第二种则带领企业,包括上司和他们可以帮助的人一起争创佳绩。

我在"挫败感挑战"中提到,企业可能存在自私的高层领导,其实也有自私的中层领导,他们看待一切事物的出发点是个人私利而不是工作职责。

相反,如果全方位领导者发现自己争取的是个人私利,而不是企业的利益,那他们就会后退。不仅如此,在必要时他们也心甘情愿为公司利益而牺牲个人利益。

2. 我已经表明自己的观点了吗

投资专家沃伦·巴菲特说:"有时决定因素并非划船的力度,而是水流的速度。"与上司打交道时,一定要留意"水流"的速度。

> 有时决定因素并非划船的力度，而是水流的速度。
>
> ——沃伦·巴菲特

学会清晰地向上司表达你的观点至关重要：将你所知道的信息告诉上司并就某个问题发表看法是你的职责所在。但是与上司交流是一回事，强迫上司是另一回事，你的上司如何选择就不是你的职责了。另外，只要你清楚地表达了自己的观点，那向上司强调再多也于事无补。艾森豪威尔总统说："你不能通过敲别人的脑袋来领导，那是人身攻击，不是领导。"如果表明自己的观点后还婆婆妈妈，那只能说明你任性妄为。

大卫·布兰科是一家大企业的主管，他说自己在学习何时后退时撞得头破血流，但是他也因此提升了自己的领导力。

一旦你表明自己的观点就要学会退避，它能使最愚蠢的人变得明智。我刚担任领导时挣扎着学会了这一点。那时我的上司因为我不知退让而火冒三丈，尤其是当他跟我意见相左但又不理解我为何咬住不放的时候。当时有位经验丰富而又和蔼可亲的同事在这个问题上出手相助，他说："你需要放弃某个问题的时候，我会通过向下看来提示你。"幸亏有他和他的好办法，我学会了何时需要放弃某个问题，等待更合适的时机。

下次与上司开会时，注意你表达观点的方式。你的表达是否清晰？对讨论有没有做出贡献？还是不断重复，试图"获胜"？面对上司就如同面对配偶，不惜一切代价坚持己见的结果是一样的，即使获胜，你仍是输家。

3. 除了我其他人都要承担风险吗

我曾经提到过,拿别人的资源冒险比拿自己的资源冒险更简单。如果你不必承担同样的风险,还要持续推动,那你将不可避免被承担风险的人孤立出来。如果自己承担风险而队友安然无恙,那没人愿意与这样的队友合作,人们不愿和一个不分担风险的人共事。

> 人们不愿和一个不分担风险的人共事。

中层领导出类拔萃的原因通常在于共担风险,如果他们心甘情愿拿自己的资源、机遇和成功来冒险,那就会赢得上司的尊重。

4. 现在的气氛适合说"不"吗

凯西·惠特(Kathie Wheat)大学毕业后曾在迪士尼乐园工作,她说那里的员工层接受培训,能够捕捉游客的情绪和动态。培训内容之一就是远离争吵的家庭,这一点合情合理。

干练的全方位领导就像天气预报员,他们能解读办公室的氛围,尤其是上司的情绪。下面是一份企业中层领导的"天气预报图"。

预报	表现	行动
晴	能见度高,阳光明媚	向前进
雾	无法判断天气状况	等雾散去
多云	晴转多云	等待适当时机
雨	持续降雨但没有雷电	仅在紧急情况下行动
雷阵雨	闪电随处可见	等待暴风雨停息
飓风	狂风来袭,损失在所难免	逃跑寻找庇护

> 干练的全方位领导就像天气预报员,他们能解读办公室的氛围。

很明显我开了个小玩笑,但是你解读周边的氛围并注意上司的情绪至关重要,别让糟糕的时机毁了闪光的创意。

5. 这只是我自己的最佳时机吗

罗马帝王哈德良说:"快速的正确反而是错误的。"面对现实吧,谈到时机,中层领导处境艰难。高层领导通常可以选择采取行动的时机,而中层领导却没有"说走就走"那么简单,因为他们要做好人员准备。但是他们可以决定最恰当的时机。至于基层员工,他们对于时机毫无选择权,只能跟上队伍或落在后面。

罗马皇帝提图斯在位时,下令将帝国的硬币铸成一只海豚围绕着锚的形状。当时海豚被看作最敏捷、最顽皮的海洋动物,而锚则是稳固和坚强的象征。两者合并象征着进取与智慧、进步与谨慎的平衡。有个家族在数年之后在家徽上印了同样的符号,并写着"fetina lente",意思是"不慌不忙地加快步伐"。

这正是全方位领导者的做法,他们一定要不慌不忙地加快步伐。如果时机适合每个人,那就可以推动前进;如果只适合自己,那还是后退,慢速前行吧。

6. 我的要求超越了我们的关系吗

《旧约全书》里我最喜欢的就是以斯帖(Esther)的故事,这是领导学的经典教材。

在薛西斯(Xerxes)统治着波斯的时候,有一天,他传皇后瓦实提(Vashti)觐见,但皇后拒绝前往,这在当时是难以想象的。因此薛西斯废除了瓦实提皇后,并禁止瓦实提再见他。同时,他开始找人接替皇后的位子。经过长时间的精心挑选,犹太姑娘以斯帖成为他的皇后。

本来一切顺利,但是有一天薛西斯王朝的一位大臣说服他处死国内所有犹太人。以斯帖进退两难。虽然她能够得以幸免,但她可以袖手旁观,眼睁睁看着犹太同胞死去吗?如果她在薛西斯不想见她时,请求他赦免她的同胞,那她有可能自身难保。她清楚自己和薛西斯关系脆弱,如果她的要求超越了这种关系,那她一定会遭殃。

最后凭借信仰和勇气,以斯帖参见国王。她的请求获得批准,所有犹太人得以赦免。这位中层领导面临着巨大的挑战,但她成功地完成了向上领导。

企业的中层领导权力有限,他们手中没有多少好牌,但他们的"王牌"往往是和上司之间的关系。他们必须小心谨慎地运用这张王牌。如果他们不知让步或要求过多而超越这层关系,那王牌也会失去作用。

通过观察何时进何时退,你可以了解中层领导的性格和动机。我和太太玛格丽特喜欢参观总统图书馆,最近,在参观乔治·赫伯特·沃克·布什(老布什)博物馆时,我们看到了1981年他担任副总统时里根总统遭枪击的故事。布什说,他得知这个消息后,马上意识到了这件事的恶劣影响,然后马上祈祷总统平安无事。

里根手术期间,布什代行总统职权,但是他有意退避,确保不让别人看出挑战或取代总统之嫌。例如布什到白宫时,他拒绝在南草坪降落,因为按照传统,只有总统可以在那里降落。那天晚上7点布什主持紧急内阁会议时,他没有坐在总统的座位上,而是坐在原位。

最后里根痊愈并恢复行使职权,并且在1984年连任总统。布什甘愿退居幕后,服务总统和国家,直到时机成熟,美国人民选举他为国家首脑。

原则八

成为公司骨干

如果你在工作中面临着最后期限,要完成一项对公司的成功至关重要的任务。然而突然之间,在时间即将用尽之际,你又接到一个关键任务,要求你同时完成这两个任务,你要怎么办呢?在这个例子中,我们先假设不能推迟最后期限,如果完不成任务只有死路一条。你怎么应付呢?大多数精明能干的领导者会把其中一件任务交给下属中的骨干人员。

一个成功的团队必然拥有出类拔萃的成员,在体育界、商界、政界和其他领域都是如此。能够出色完成任务的队员就是骨干人员。他们总是精明干练,勇于承担并真诚可靠。如果你对某个下属信任有加,那碰到紧急任务时你通常会与他们分担,你的上司也是一样。所有的领导者都喜欢积极主动、精明能干的下属。只要发现这样的下属,上司就会依赖他们并不可避免地受其影响。

骨干人员的形成条件

只有骨干人员才能在同事中脱颖而出,每个人都羡慕公司骨干,面对压力也会期待他们的表现,而且不仅仅是上司,他们的同事和下属也会有这样的心态。我所说的骨干人员会不断为公司做出贡献。

1. 骨干者能在高压环境中做出贡献

公司里有形形色色的员工,你可以根据他们对公司的贡献对他们进行评估。

贡献	分类
毫无贡献	有害的
偶尔贡献	平庸的
在熟悉的领域不断贡献	颇具价值
在任何情况下积极贡献	无价的

> 骨干人员会不惜一切代价,想方设法为公司做出贡献。他们不需要熟悉的环境,不需要留在安乐窝中,也不需要公平或有利的条件。

骨干人员会不惜一切代价,想方设法为公司做出贡献。他们不需要熟悉的环境,不需要留在安乐窝中,也不需要公平或有利的条件,就连压力都不会阻碍他们的步伐。实际上,压力越大,骨干者就越如鱼得水,他们能够顶住压力,为公司做出贡献。

2. 骨干者"能为无米之炊"

2004年《赢在今天》出版后,我经常接到邀请,关于这个话题进行演讲。有一次我在阿肯色州小岩城进行巡回演讲,在第一次演讲结束后,这本书在当地被抢购一空。邀请我演讲那家的公司领导发现这一情况后,动员部分员工并派遣他们到城里所有书店中大量采购这本书,从而确保听众在我第二场演讲之后能够买到这本书。

我相信他在小岩城买光了这本书。

我很欣赏他的做法，他想让听众从书中获益，但他知道如果第一场演讲之后这本书销售一空，那别人就买不到了，因此他解决了这个问题。虽然他以零售的价格批量购买，再以相同的价格卖掉，这个过程费时费力，但没有任何经济回报。但不禁还是要说他是多么优秀的领导啊！

3. 骨干人员在士气低落时做出贡献

谈到士气，公司里的员工有三种分类。第一种是破坏者，他们会损害上司和公司的利益，因此会降低公司的士气。这些人态度恶劣，在公司中占底层的10%（在通用电器公司，杰克·韦尔奇设立了一个目标，每年都找出这些人并开除他们）。第二类是士气消耗者的改良版，他们仅仅随遇而安，既不会增强也不会削弱公司的士气，只会随波逐流，这样的人在公司占到80%。

最后一种是士气增强者——他们能够完成任务增强士气，也就是占公司10%的领导层。这些人可以取得进步，跨越障碍并推动他人的发展。他们能在公司其他成员精疲力竭、灰心丧气的时候为公司注入能量。

4. 骨干人员能在重担之下做出贡献

优秀的员工总想助上司一臂之力，多年来我见过很多这样的员工。如果有同事对我说："我已经完成工作了，有什么要我帮忙的"，我一定会心怀感激。但是骨干者却能够更上一层楼，只要上司需要，他们就有能力肩负重担。他们不仅在自己负担较轻时为上司肩负，只要上司负担沉重，他们会随时出手相助。

琳达·艾格斯（Linda Eggers）、提姆·艾摩（Tim Elmore）和丹·瑞蓝都是为我减负的典型例子。多年来，每当我碰到压力，他们都会为我分担并出色完成任务。丹·瑞蓝在这方面尤其出色，直到现在他仍在为我分担，不过他已经不是我的下属了，他只是出于朋友的身份助我一臂之力。

成为骨干者的关键因素是为人所用和责任心。为上司分担重任通常是态度问题而不是职位问题，如果你愿意并且有能力在上司需要时助他一臂之力，那你就能够影响上司。

> 如果你愿意并且有能力在上司需要时助他一臂之力，那你就能够影响上司。

5. 骨干人员能在上司不在时做出贡献

中层领导能够在上司缺席时脱颖而出，这是他们最宝贵的机遇。这种情况下会出现领导力空白，中层领导可以自告奋勇填补空白。实际上，如果上司知道自己近期要离开企业，他们会指定一个领导者来代替他们行使职权。但是即便如此，其他人仍有很多机会一马当先，承担责任并大放异彩。

如果你在领导力空白时自告奋勇，那你很有可能脱颖而出。但是你要清楚，人们自告奋勇填补空白时，也会暴露自身真实的动机。他们有可能动机纯正，从企业的利益出发；也有可能企图夺权或谋求私利。总之这些动机都会被他人一览无余。

6. 骨干者能在有限的时间中作出贡献

我很喜欢一家小企业里的一条标语——"做出贡献的57条准则"，在这个标题下面写着——

准则1：做出贡献

准则2：其他56条规则无关紧要

这就是骨干者的理念，无论条件如何艰苦，他们总能作出贡献。

我在写作本章内容时，罗德·罗伊给我讲过一个故事。那时他在某企业担任中层领导，在一次大型会议上，他的上司宣布一个新的项目已经准备就绪。罗伊对此一无所知，因此听得津津有味。上司对这个项目的介绍非常精彩，但是突然间上司宣布这个项目由罗伊负责，如果大家有问题可以在会后同罗伊讨论。

罗伊对自己在这个项目中的角色一片茫然，但是这不要紧。罗伊利用会上领导讲话的时间浏览了这个项目的设计和行动方案，会议结束后人们纷纷向罗伊提问，然后罗伊将自己的计划传达给大家并付诸行动。罗伊说这项工作完成得并不出色，但在那样的情况下能顺利完成已经很不错了。它为企业赢得了成功，保全了上司的信誉，也服务了企业的员工。

也许你从未有过类似经历，但是如果你像骨干人员一样态度积极，不屈不挠，抓住一切机遇追求成功，那碰到类似情况，你也能像罗伊一样完成任务。如果能做到这一点，你的上司会逐渐依赖你，而在日常工作中，如果我们依赖某人，那他们的影响力和信誉就会不断增强。

原则九

不断进步

一只火鸡在和一头牛聊天，火鸡说："我想飞上树梢。"然后叹口气，"可惜我力气不够"。

"这样啊。"牛回答说，"那你吃点我的粪便吧，它们可是营养丰富啊。"

火鸡啄食了一块牛粪，感觉到力气增强，能够飞到最低的树枝上了。第二天，火鸡又吃了点牛粪，能够飞到第二级树枝上。到了第五天，火鸡终于雄赳赳气昂昂地飞落到树梢。但是很快被一个猎人发现，猎人开枪将其打落在地。

这则故事的寓意是：牛粪能帮助你到达顶层，但无法帮助你稳坐江山。

进步如何帮助你向上领导

我见过的很多人都患有"目的地综合征"，他们认为自己能在企业中得到某个职位或到达某个层级，那他们就到达"终点"。一旦得到自己想要的职位，他们就会偃旗息鼓，安于现状。这简直是浪费潜力！

在职业生涯中拥有上进心是人之常情，但是永远不要为自己设立"终点"。与之相反，在制定职业规划时不要有什么条条框框。很多人并不清楚自己一生中的潜力有多大，他们设立的目标太低。初入职场，我也犯过这样的错误，但是后来我将目标从"我想到达什么职位"改成了"我想成为怎样的人"，于是我的人生开始发生改变。不管是对于他人还是对于我自己，个人发展的关键在于以个人成长而不是以目的地为目标。

> 个人发展的关键在于以个人成长而不是以目的地为目标。

促使目标不断成长有利无害。如果不断学习，那你一定能天天进步，这对你有诸多好处。

你越优秀，追随你的人越多

如果你对烹饪感兴趣，那你更希望跟谁共度一个小时呢？马里奥·巴塔利（Mario Batali）（厨师、烹饪书籍作者、纽约著名餐厅的老板以及两个美食频道的主持人），还是你那个喜欢烹饪并"偶尔"做饭的邻居？如果你跟我一样正在学习领导学，那你希望向美国总统学习还是向杂货铺老板学习？这两种人无法同日而语，为什么呢？因为你最尊敬精明能干、经验丰富的人，也希望从他们身上学到最多。

能力是信誉的关键因素，信誉是影响力的关键因素。如果人们尊敬你，那他们会对你言听计从。林肯总统曾说过："我不看重今日较昨日没有进步的人。"关注自身进步你才能不断进步。

你越优秀就越珍惜今日

如果你在院子里种植果树和坚果树，你期待何时收获呢？如果等待数年才有收获——果树等待3至7年，坚果树等待5至15年，你会大吃一惊吗？想让种植的树上结出果实，那你首先要做到任其生长。树长得越高，根系越发达，结出的果实就越多；结出的果实就越多，其价值就越高。

人也是这个道理，越强大就越有价值，因为能做出更多贡献。事实上，一棵树只要活着就会不断生长。我也渴望这样的生活方式，总结成一句话——"生命不止，奋斗不息"。

我很喜欢阿尔伯特·哈伯德（Elbert Hubbard）的格言："如果你仍为昨日牵肠挂肚，那今日你会一事无成。"如果你回顾过去的成就，仍为其倍感骄傲，那说明你取得这些成就之后一直在原地踏步。如果你回忆几年前完成的一项工作，认为现在无法超越从前，那说明在这个领域中你毫无进步。

如果你不愿持续学习，不断进步，那你作为领导者就会不断退步。

如果做不到蒸蒸日上，那很有可能降低你的领导能力。《领导者：领导的策略》一书的作者沃伦·本尼斯（Warren Bennis）和伯特·内纽斯（Bert Nanus）说："正是不断开发与提升自己的能力才促使领导者从追随者中脱颖而出。"如果你不愿持续学习，不断进步，那你作为领导者就会不断退步。

你越优秀，为未来储备的潜力就越大

最难教的是哪些人呢？

是那些从不主动学习的人，因为让他们接受一个新的想法就像把一株西红柿移植到混凝土中。即使能将它栽到土里，你也不确定它能否存活。你为学习和成长付出的努力越多，那你持续学习的能力就越强。这样一来，你的潜力就越大，未来的价值也更高。

印度改革家圣雄甘地（Mahatma Gandhi）曾说过："我们做什么

和我们能做什么之间的差异足以解释世界上大多数问题。"这句话说明了我们拥有巨大的潜力，我们只需要不断努力，学到更多知识，取得更多进步并增加自身价值。

为了写作本书我曾采访过一个领导者，他说刚接手第一份工作时，如果他犯了错误，那上司会找他谈话并给他指导。每次谈话结束，上司都会问他："你在这次谈话中有收获吗？"然后要求他具体解释。在那时，这个年轻人认为上司对他要求太严格。但是随着他逐渐晋升，他发现自己取得的很多成就都得益于从谈话中学到的技能。这个过程推动他不断进步，对他大有裨益。

如果你想影响上司并维持这种影响力，那你就需要不断进步。对进步的投资就是对能力、适应性和可发展性的投资。不管持续学习、持续进步如何费时费力，无所事事才是最浪费时间、浪费生命的。

怎样不断进步

本·富兰克林曾说过："通过自我提升，世界也会变得更美好，但是别担心进步太慢，只要别原地踏步就行。忘记自己的错误，记住得到的教训。"那你怎样才能不断进步呢？答案就在于抓住今日提升自己。成功的秘诀就在你的日程表里，为了不断进步并向上领导，我为读者提供如下建议。

1. 从现在做起

在一个大型林场办公室的墙上有着一则标语："种树的最佳时机是25年前，退而求其次就是今天。"想要在你的行业里出类拔萃，那一定要从现在做起。你可能希望自己早点入手，或者几年前碰到一位更好的导师。但是这些都不重要，回顾过去，怨天尤人不会帮助你取得任何进步。

诗人朗费罗（Longfellow）对生活充满热情，他的朋友问他有何秘诀，朗费罗说："苹果树的目标就是每年长一些新木头，我的目标与之类似。"朗费罗曾在一首诗里表达过这种感情。

> 我们命定的目标与道路，
> 不是享乐，也不是受苦；
> 而是行动，在每个明天，
> 都超越今天，更进一步。

你无法改变自己的起点，但你能改变前进方向。你有何打算并不重要，重要的是现在的行动。

——拿破仑·希尔

也许你对今天的地位和角色并不满意，但是与昨天相比你已经取得了进步。不要为自己设立目的地，你只需要在现阶段打造最卓越的自己。拿破仑·希尔（Napoleon Hill）曾说过："你无法改变自己的起点，但你能改变前进方向。你有何打算并不重要，重要的是现在的行动。"

2. 多多交流

当你对自己的工作熟练到一定程度，那你就为自身赢得了一个好机会，那就是与同级或上司就这一行业展开交流。这个过程非常自然，吉他手讨论吉他，家长讨论育儿经，高尔夫球手讨论高尔夫。他们讨论的原因是对这项事业饶有兴趣、满怀热情，通过讨论，他们能增强本领，加深理解并为未来的行动做好准备。

与同级讨论固然有益，但是如果你不采取战略措施，与本领比你强、经验比你丰富的人展开讨论，那你就错失学习的良机了。道格拉斯·兰德利特（Douglas Randlett）会定期约见一群退休的百万富翁，从而向他们学习。美国职业棒球大联盟的明星球员托尼·格温退休之前，总是与了解棒球知识的人讨论这个话题，并因此而出名，他每次碰到泰德·威廉姆斯，他俩一定会讨论击球。

我一直很喜欢与杰出的领导者讨论领导力。实际上我将它添加到日程表中，每年都找六个我崇拜的人共进午餐并向他们学习。出发之前，我会研读他们的书籍，学习他们的课程并聆听他们的演讲，总之做好一切准备。我的目标就是充分了解他们，找到突破口提出合适的问题。如果做到这一点，那就能从他们的优点中有所收获。但这并不是终极目标，我的终极目标是总结出他们的哪些优势可以为我所用。这正是我进步的源泉，它并非来自于他们的成就。我必须将学到的东西在自己的环境中加以运用。

谈话成功的秘诀就在于聆听，这是连接了解他人和自我了解的桥梁，它应该成为你的目标。

3. 勤加练习

《医学原理与实践》的作者、医学家威廉·奥斯勒(William Osler)曾教导一群医学院学生——

> 摒弃未来，只活在当下，完成今天的任务。不要考虑多少工作有待完成，多少困难有待克服，多少目标有待实现。只需认真完成手边的琐碎工作，今天完成这些任务就足够了。我们最简单的职责在于，就像苏格兰作家卡莱尔（Carlyle）说的一样，"别管未来若隐若现的计划，先完成身边清晰可见的任务吧"。

取得进步的唯一途径就是勤加练习，直到你了解工作的内涵与外延。第一步，你要根据自己的知识积累完成工作，越勤加练习你就会越了解你的工作。

你积累的经验越多，就越会发现需要改变自己的工作方式。这时你需要做出决定，你是一如既往坚持原来的工作方式，还是努力按照自己的设想做出改变？如果你追求进步，那唯一的途径就是脱离安乐窝，尝试新事物。

人们经常问我："我怎样经营自己的企业呢？""我怎样才能优化我的部门呢？"答案就在于个人成长。推动企业发展的唯一途径就是推动领导自身的发展。通过完善自己，你也可以提升他人的表现。前通用电气企业首席执行官杰克·韦尔奇说："成为领导之前，成功在于完善自己；成为领导之后，成功就在于推动他人成长。"

回顾
全方位领导者向上领导的原则

我们在学习怎样横向领导之前,先来回顾向上领导的九大原则。

1. 出色地领导自己
2. 为上司减负
3. 心甘情愿做别人不愿意做的事
4. 领导——做的要比管理的更多
5. 为人际关系投资
6. 为每次占用上司的时间做好准备
7. 明白何时进何时退
8. 成为公司骨干
9. 不断进步

第四章 领导力三原则
2. 横向领导的原则

普普通通的领导和有能力的领导有何区别呢？有能力的领导能够领导追随者，他们能发现、聚集、招募下属并赢得他们的支持。这个任务也不轻松，但是仅能领导下属的领导者难以大展宏图。想让领导力迈上新台阶，你必须学会领导其他领导者——不仅仅是你的下属，还有同级和上司。

尽心竭力、精明能干的人能够向上领导，因此在这方面，他们已经成为上司的"领导"，但是领导同级是一个崭新的挑战。实际上，精明能干的人与上司走得很近，很容易引起同级的妒火中烧、心怀怨恨，因此领导同级尤其困难。作为中层领导，如果同级认为你向上领导是为了夺权或阿谀奉承，那他们不会给你任何机会进行横向领导。

全方位领导者横向领导的成功之处在于，你要想方设法得到同级的尊敬和追随。怎样做到这一点呢？那就是帮助同级取得成功。如果你帮助他们，那你不仅能帮助企业，也能帮助自己。

认为领导同级难于登天的人不擅长人际交往。如果回顾"职位误区"一节的领导力五级阶梯，你会发现越过第一级职位影响力之后，第二级和第三级分别是认可影响力和绩效影响力。业绩突出但缺乏赞许的领导者能够影响上司，但是无法同时影响同级。想要横向领导，你必须努力赢得同事的赞许。这个过程充满挑战，但是它会带来丰厚的回报。

原则一

理解、练习并完成领导力圆环

难以横向领导的人麻烦不断,原因是他们采用的方法目光短浅,他们想在一夜之间得到影响力。领导力并非一劳永逸,它是一场耗费大量时间的持久战,横向领导尤其如此。

如果你想在同事中赢得影响力和信誉,那不要寻找捷径或偷工减料,相反,你要学着理解、练习并完成领导力圆环。

领导力圆环

请观察下面的图片,这就是所谓的领导力圆环。

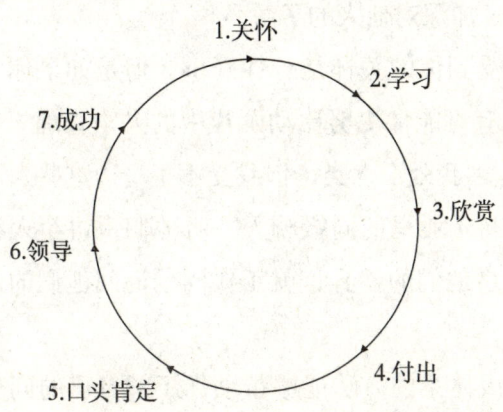

从图片中可以看到，这个圆环的起点是关怀，终点是成功。下面我将会具体解释每一步。

1. 关怀——关心他人的喜怒哀乐

这一点听起来很简单，但这正是一切的起点。你必须在意别人的喜怒哀乐，他人才能感受到你的关怀。很多领导行动优先，日程紧密，不重视关怀他人。如果你也是这种情况，那你就需要做出改变了。

我并非有意冒犯，但是关怀他人对你有诸多好处。如果你不善交际，那你首先要解决这个问题，设身处地，发掘每个人的价值，想方设法喜欢他们。如果你对他人漠不关心，那这个缺陷一定会成为领导力的障碍。

人们通常靠近推动自己进步的人
而远离拖后腿的人。

学习人际交往的任何技巧都要把握一条原则，那就是人们通常靠近推动自己进步的人而远离拖后腿的人。

2. 了解——加深对他人的了解

让他人感受到你的关怀是一件好事，但是如果你不努力了解每个人，那你就有可能像史努比动画片中的人物查理·布朗（Charlie Brown）一样，"我爱全人类，但我受不了身边这些人"。

花点时间与企业里的同级聊天，听他们讲讲个人经历。发掘其一技之长，欣赏他们的差异，就工作问题询问他们的意见，尽可能做到换位思考。

有一套自成体系的方法能够帮助你了解自己的同事。我经常为最大影响力俱乐部演讲，这个企业由我出资建立，现在所有权和领导权归托德·邓肯（Todd Duncan）。企业为客户提供的一项练习会用到价值卡片。参与者要浏览叠在一起的四十多张卡片，每一张上都印着一种价值观，比如正直、承诺、财富、信仰、创新和家庭。他们要选出最重要的6种，也就是原则性问题。然后要放弃两张卡片，接着再放弃两张。这个游戏能够帮助人们权衡轻重并做出艰难的抉择。

最近企业的培训师瑞克·帕克（Rick Packer）收到了一封来自印刷出版社约翰·法雷尔的邮件，他将这封邮件与我分享。他在邮件中对价值卡片的游戏大加赞扬，并通过这个游戏加深了对同事的了解。约翰在邮件中写道：

> 从工作室回来几个星期之后，我和25个同事重温最大影响力俱乐部的价值卡片练习，每次与两个同事共同进行。我告诉他们这是一次很好的体验，他们能够更了解身边的同事。他们没有让我失望，每个人都乐在其中，甚至要求我公开其他同事的价值测试结果。经过全体一致投票，我让图形设计师设计并印制出一幅30英寸×24英寸的海报，展示出我们最重要的三大价值观。今天它已经正式张贴出来，每个员工都可以看到。

约翰继续说道，同事之间的友情变得更加紧密，他甚至收藏了那幅海报的缩略图。

现在他不仅进一步了解了同事，同事们也得到了一个更好的平台，用来了解、欣赏和影响他人。

3. 欣赏——尊重他人

如果敬佩他人的所作所为，那我们就会欣赏他们，这一点非常自然。但是如果只欣赏与我们类似的人，那就会错失很多资源。我们应该努力发掘他人独特的经验和技能并向他们学习。

AES电力公司的董事长，《快乐地工作》一书的作者丹尼斯·巴克（Dennis Baker）在这方面颇有兴趣。他希望尊重他人，因此故意对人们做出积极的假设并付诸行动。巴克通过描述AES的员工阐述了自己的人生观，他这样描述员工：

- 具有创新精神，体贴周到，值得信任，有能力做出重大抉择
- 对自己的决定和采取的行动承担责任
- 独一无二
- 希望运用自己的才能和技巧为企业甚至整个世界做出贡献

如果你尊重同级（及下属），欣赏他们的特点，那他们更有可能尊重并追随你。

4. 贡献——为他人增值

为他人增值最能增强领导者的信誉，特别是领导者既不负有任何责任，又不会从中得到任何直接利益的时候。如果你尽心尽力为同事增值，那他们会感受到你是真心实意助其成功，而不是在背地里打如意算盘。

为他人增值最能增强领导者的信誉。

关于怎样入手，下文中有几条建议。

不要独占宝贵资源。 保护私有财产是人之常情，不管是地盘、想法还是资源。但是如果资源共享能够助他人一臂之力，那你绝对能为同事们留下一个好印象。

取己之长，补人之短。 我很喜欢电影《洛奇》中西尔维斯特·史泰龙（Sylvester Stallone）扮演的角色说的一句话："我有缺陷，他也有缺陷，但我们的合作可以弥补缺陷。"这种情况也适用于我们和自己的同事。不要寻找他人的缺点试图超越他们，应该取己之长，补人之短，双方共同进步。

为他人的进步投资。 我在第二大挑战（挫败感挑战：追随无能的上司）一节中提到，你应该与上司分享优质资源，这个办法也适用于同级。俗话说得好，点亮他人的蜡烛，自己并不会黯然失色，你只会带来更多光明。

机遇共享。 在很多情况中，如果得到机会完成某项特殊而振奋的任务，那我们会抓住机遇，享受机遇，但只是一人独享。全方位领导者在得到机遇时通常会考虑与他人分享。如果你想影响同级，那就要与他们共享你的机遇。

在初始阶段，为同级增值可能会略显怪异。如果你在针锋相对、高度竞争的环境中工作，那你的同事刚开始会对你持怀疑态度。但是只要坚持不懈，以帮助他人而不是利用他人为出发点，假以时日，同事们一定会相信你动机纯正。

5. 表达——肯定你的同事

想想曾经教过你的老师，你最喜欢哪些老师呢？为什么喜欢这些老师胜过其他老师？如果你跟大多数人一样，那你尊敬这些老师的原因就是他们肯定了你的表现，增强了你对自己的信心。

肯定最能增强人们的斗志，在《韦氏新世界字典（大学版第三版）》中，affirm一词来源于adfirmare，也就是"使坚定"的意思。当你肯定他人的表现时，那你就确认了他们的品质。如果你经常这样做，那他人就会不断坚定信心，这种自信也会超越对自身的怀疑。

如果你想领导同级，成为他们的队长，那就要肯定他们的优点，承认他们的成就。在上司和其他同事面前为他们美言，抓住每个机会真诚地称赞他们，那终有一天你也会迎来机会影响他们。

6. 领导——影响他人

采取了上述五个步骤之后——关怀、了解、欣赏、贡献和表达，现在你终于准备就绪进行横向领导了。之前采取的措施已经帮助你和同事建立了交情，增强了你的信誉，也显示出你动机纯正。在此基础之上，你能够得到机会影响他人。

有些领导者能够很快完成这些步骤，其他人则需花费一些时日。你的领导天赋越强，那你花费的时间就越少。但是影响他人并不是终极目标，如果你的唯一目标就是令他人对你言听计从，那你就会错失机遇。想成为全方位领导，你必须更上一层楼，也就是帮助他们取得成功。

7. 成功——与人共赢

我明白你渴望领导他人，否则你不会坚持阅读本书，但不知你是否考虑过为何渴望领导。我认为优秀的领导者能够平衡两大至关重要的动机：第一个动机是实现自己的愿景，所有领导者都怀有自己的梦想，想看着它开花结果，有些人的梦想平平常常，有些人则怀有宏图大志；第二大动机就是见证他人的成功，杰出的领导者不会利用他人取得成功，他们的领导目的在于共赢。如果这正是你的动机，那你就可以成为他人自愿追随的人，其中包括同级、上司和下属。

> 杰出的领导者不会利用他人取得成功，他们的领导目的在于共赢。

助人成功的一大好处在于，你能够得到机会帮助更多人。生活中这种情况随处可见，常胜教练和商界领袖比平庸无能的人更容易招募潜力员工。只要领导者证明自己能帮助他人实现梦想，那其他人就会向他寻求帮助。这样一来领导者就可以帮助更多人。

于是又回到了领导力圆环的起点。如果你帮助他人取得成功，那就会有更多人主动找到你，于是你有机会帮助更多人。每次发生这种情况，你都要重新经历这个过程，始于关怀终于成功。这条路没有捷径可走。实际上，如果你长期持续帮助他人，那你完成整个进程的速度会更快，但你仍需按部就班。

卢·霍兹（Lou Holtz）在执教圣母大学美式足球队时，人们经常引用他说的一句话："做正确的事，尽最大努力，己所不欲勿施于人。"因为他人会提出这样的问题：

1. 我能信任你吗？
2. 你对这项事业有信心吗？是否足够投入，热情十足？
3. 你会以人为本关心我吗？

如果你身边的同事对这些问题给出肯定的回答，那你就很有可能对他们产生影响力。

原则二

赞美比竞争更重要

克里斯·霍奇（Chris Hodges）是一位杰出的领导者，他生于巴顿鲁治，并以擅长讲波尔多笑话（路易斯安那州大众幽默的一种形式）而出名。近期他来访EQUIP并给我讲了一个笑话。

一群印第安人坐在一起吹嘘他们如何成功。太比蒂说："我刚买了一艘捕虾船，对了，我还招募了10个船员为我工作。"

"这算什么，"兰德说道，"我在冶炼厂晋升了，有50个下属。"

包德听到了，他不想在朋友面前丢面子，于是他说道："对了，我底下有300人呢。"

太比蒂问："包德，你刚才说什么，现在你不是整天修剪草坪吗？"

"没错，"包德说道，"但我正在修剪墓地的草坪，因此'底下'有300人。"

竞争本身无可非议，问题在于很多领导者与同一家企业里的同事展开竞争，最终会伤害企业和团队。这取决于你如何应对与引导竞争。在健康的工作环境里，竞争和团队合作并行不悖（和平共处），关键就在于分辨何时应用哪种模式。如果涉及队友，那你和他们之间的竞争不应是你死我活，而应该是彼此成全。下面这个图表说明了两种不同的心态。

> 不惜一切代价超越同事,最终会让你付出代价。

竞争	成全
心胸狭隘	心胸宽广
个人利益至上	企业利益至上
破坏信任	构建信任
你死我活	共创双赢
独占型思维（好主意是我想的）	分享型思维（好主意属于大家）
排外	包容

不惜一切代价取超越同事,最终会让你付出代价。如果你的目标在于打败其他同事,那你永远做不到横向领导。

怎样平衡竞争与合作

基本原则就是整个团队的成功比个人胜利更重要,企业的成功既需要竞争也需要合作,如果这两个因素实现平衡,那整个团队一定会旗开得胜。

那你怎样平衡竞争与合作的关系呢?怎样才能游刃有余地切换两种状态?我为读者提出如下建议。

1. 承认渴望竞争的本性

大学毕业四五年之后，我回校参加校友篮球队，对抗当时的校篮球队。我为球队效力时一直是得分后卫，但是这次他们安排我盯防对方的控球后卫。在观察他热身时发现他跑得比我快得多，我意识到自己大难临头，于是很快制定出一条策略。

在他第一次试图投球时，我犯了规。我并非在他投球时碰到了他的手，而是严重犯规。他站起来，蹒跚着走向罚球区，两次投球都只碰到了篮筐，幸亏没投进。

第二次对方球队进攻时，他企图从外线组织进球，我又一次严重犯规。他站起来之后口出怨言。

之后每当抢球我都会跟过去，并确定可以不偏不倚地"落"在他身上。当时我并不像现在这么高大，但是我比他重。

他突然冒出来朝我吼道："你也太用力了，这只是个游戏！"

"对啊，"我笑着说，"那就让我赢吧。"

不管你是谁，从事什么职业，竞争对领导者来说是天性使然，我见过的所有领导者都争强好胜。现在回顾那场比赛，我意识到自己当时还不够成熟。那天的收获是校友队赢得了比赛，而损失则是那天我没交到任何朋友。

竞争的关键就在于积极引导。如果你对竞争嗤之以鼻，那你就会丧失优势，无法激励自己达到最佳状态。如果你对它放任自流，那就会超越你的队友并疏远他们。但是，如果对其进行控制和引导，那竞争也能助你成功。

2. 追求良性竞争

在我见过或参与过的所有常胜团队中，其队员之间都进行着良性竞争。良性竞争对一个团队有诸多优势，有些优势甚至是无可替代的。

良性竞争使你达到巅峰状态。如果赛场上只有一个跑步运动员，那他永远无法创造世界纪录，人们只有在你追我赶的环境中才能达到巅峰状态。不管你在学习、工作还是游戏，这一点始终不变。

良性竞争能够带来客观评价。什么方法才能以最快的速度衡量你在工作中的表现呢？也许你有长期标准，比如每个月和每年的目标。但是如果你想知道自己今天表现如何，那怎样衡量呢？你可以检查待办事项列表，但是如果你为自己设定的标准太低怎么办？你也可以询问上司，但是最佳途径可能在于观察其他同级领导的表现。如果你大幅超越或大幅落后，那就可以说明很多问题。如果你落后于他人，你应该会思考自己哪里出了问题。也许这并不是评估自身的唯一途径，但它确实能够提供真实的参考。

良性竞争能增进友情。不管竞争双方是队友还是对手，竞争都能将双方联系起来。如果团队成员之间的竞争属于长期良性竞争，那这种竞争会产生更加紧密的纽带，增强同事之间的感情。

良性竞争不会造成个人恩怨。队友之间的竞争充满乐趣，如果这种竞争是良性竞争，那游戏结束后队友还是朋友。他们互相竞争的原因是追求刺激，竞争结束后，他们不会留下任何个人恩怨。

有一个笑话我很喜欢。一只公鸡将一个鸵鸟蛋拖到鸡舍里，它将鸵鸟蛋展示给所有的母鸡看，说道："我不是要吓唬你们，我只是想让你们知道，鸵鸟们都在做什么。"竞争绝对能够激励一个团队不断前进。

3. 为竞争找对位置

良性竞争的终极目标就是利用竞争为企业赢得胜利。在日常工作中展开竞争能够帮助队友在大赛来临之际做好准备。如果得到正确引导，那竞争关系可以用来击败其他团队。

> 良性竞争的终极目标就是利用竞争为企业赢得胜利。

当然,有些领导喜欢走极端。洛杉矶道奇队前总经理汤米·拉索达(Tommy Lasorda)曾讲过一个故事。那天他的球队计划跟辛辛那提红人队比赛,那天早上拉索达做弥撒,他刚坐到长椅上,红人队的经理约翰尼·麦克纳马拉(Johnny McNamara)也来到这个教堂,跟他坐在同一排。

他们看了彼此一眼,谁都没说话。

弥撒结束后,他们朝外走去,拉索达发现红人队的经理停下来点了一根蜡烛,他认为这会为红人队带来优势。"他离开之后,我走过去把蜡烛吹灭了。"拉索达说,"在整场比赛中,我一直在朝他大喊:'麦克,不管用的,我把蜡烛吹灭了。'"那天他们以13:2的悬殊比分战胜了对手。

4. 明白在哪里划清界限

不论你如何渴望取胜,只要你想培养良性竞争的能力,那你就必须确保自己永不越界,不置同事于"死地"。如果你不这样做,那就会疏远同事。这条界线很难划定,只能说如果竞争能够鼓舞士气,提升他人的水平,那这种竞争就是良性的;反之,如果竞争降低士气,伤害团队,那就是超越边界的恶性竞争。

我在领导圣地亚哥地区的天际教堂时,我的下属精明能干,热爱竞争。发号施令的核心团队包括丹·瑞蓝、雪莉·弗莱舍(Sheryl Fleisher)和提姆·艾摩。他们有各自的部门和专长领域,但是他们一直在相互竞争,每个人都想胜人一筹。正是这种良性竞争使他们保持警惕,也激励其他员工加入进来并尽其所能。虽然他们上进心强,热爱竞争,但是如果任何一个人遭遇困难,那其他人都会与他并肩作战，做好准备采取行动，鼎力相助。他们认为团队成功比个人得失更重要。

如今，这三个领导者在全国各个地区的不同企业里从事着不同的职业。他们保持联系，分享经历并尽可能互帮互助。共同竞争形成的纽带不会轻易断裂，他们对彼此深怀敬意，能够继续彼此信赖并彼此影响。

原则三

成为朋友

我们认为自己在同事眼中扮演着多个角色——同事、队友、贡献者、竞争对手,但是我们经常忽略每个人都需要的一个角色,那就是"朋友"。诗人爱默生写道:"友谊的光辉不在于伸出的双手,不在于亲切的微笑,也不在于相伴的欢欣,而在于发现有人相信并信任自己时感受到的精神鼓舞。"

不管你的同事如何强势,他们都希望在职场上有朋友相伴。有些人不愿在工作场所交朋友,但如果能在这里交到朋友,他们一定获益匪浅。如果工作艰辛,令人厌倦,那工作中的朋友就会成为上班的盼头。如果工作条件优越,那交个朋友正是锦上添花。

团队合作,增强友谊

有必要在工作场所与他人建立友谊吗?

友谊是影响力的基础

林肯总统说:"想要争取一个人加入你的事业,你必须让他相信你是他最好的朋友。"稳固的友谊为发挥影响力提供了可能,友谊是你和同事所能建立的最积极的关系。

友谊是成功的骨架

长期成功离不开娴熟的人际交往技巧,西奥多·罗斯福(Theodore Roosevelt)曾说过:"成功的配方中最关键的要素就是学会与他人相处。"做不到这一点就会一事无成,即使有所成就也会虚无缥缈。

友谊是暴风雨中的避难所

如果某一天过得不顺心，那你怎样才能高兴起来呢？答案就是朋友。如果你要面对自己的恐惧，你希望跟谁并肩作战呢？答案也是朋友。如果你在前进的道路上跌倒，谁能扶你一把呢？答案还是朋友。亚里士多德的名言说得好："真正的朋友是最好的避难所。"

怎样成为他人的朋友

毫无疑问，你肯定有自己的朋友，因此你知道如何发展友谊。但是工作中的友谊情况不同，我建议读者采用一种具体的方法，能够帮助你在企业里建立友谊，你的目标应该是交朋友而不是找朋友。

大多数人在建立友谊时总是寻找对自己的努力给予回报的人，如果他们感受不到这种双向努力，那就会彻底放弃并继续寻找。想要在职场上横向领导，即使面对初始阶段不付出任何努力发展友谊的人，你也要不断努力成为他的朋友。

在主动交友的过程中，我建议你采取以下几个步骤。

1. 倾听

作家理查德·艾克斯莱（Richard Exley）说：

> 真正的朋友能够聆听并理解你内心深处的感受。你挣扎时他会全力支持；你犯错时他会温柔而关爱地帮你改正；你失败时他会宽宏大量。真正的朋友能够推动你不断成长，帮助你释放一切潜力。最重要的是，他会全心全意为你庆祝成功。

整个过程的起点就是"倾听"。

很多人在工作中只想一个人清静地完成任务,但如果他们渴望与他人交流,那肯定是谋求一官半职或者有话一吐为快。很少有人主动并注意倾听他人的想法。

拉尔夫·尼克尔斯(Ralph Nichols)说:"人类最基本的需求就是理解与被理解,理解他人的最佳途径就是聆听。"如果你不断倾听同事的心声,那他们就喜欢和你相处,他们会主动联系你。如果你们关系密切,那他们很可能向你寻求建议。这正是影响力的起点。

2. 找到业余生活中的共同点

弗兰克·克拉克(Frank A.Clark)说:"想交到朋友,双方必须有诸多共同点,'都讨厌某些人'这一个共同点可不够。"可惜,对于很多同事来说,这就是他们唯一的共同点。如果你和同事之间没有共同点怎么办呢?那就努力在业余生活中找到共同点吧。

如果你将每个人都视为潜在的朋友,并在工作和业余生活中寻找联系,那你很有可能找到共同点,然后以此为基础建立友谊。

3. 下班后保持联系

你需要在业余生活中找到共同点,与同事们成为朋友,也需要在下班后与他们保持联系。真正的友谊也就意味着保持联系。

如果在业余时间无所作为,那你和同事的友谊只能局限在办公楼里。只要你将这种友谊带入业余生活,那它会立即发生改变。想想第一次跟同事在非工作场合共进午餐,即使你从头到尾一直在讨论工作,那从此之后你也会改变对这个同事的看法。如果你曾和同事在公司垒球队并肩作战或一起打过高尔夫球,那也会加深对同事们的了解。直到这时,你才会知道他们之前没有被发现的性格特征。还记得你第一次到同事家做客吗?从此以后你和那个同事的交情一定会更加深厚。

真正的朋友不会计较时间。如果你需要朋友帮忙，那好朋友不会跟你说："都下班了，明天再给我打电话吧。"显然，你想尊重他人的隐私，也不想超越任何人的个人界限。但是领导力并非朝九晚五，因此友谊也不能限于工作时间。

4. 保持幽默感

喜剧钢琴家维克托·伯厄（Victor Borge）说："两个人之间最近的距离就是欢声笑语。"确实如此，如果两个人在其他方面缺乏共同点，那幽默能够很快将他们联系起来。

查理·维瑟说24岁来到研究生院攻读硕士学位时，他是个十分严肃的人，对自己和生活中的一切事物过于较真。但是在二年级那年，他当上了助教，也认识了其他研究生同学，他们也在新奥尔良大学教英语作文课，其中包括荷马·阿灵顿（Homer Arrington）。

荷马生长于南加利福尼亚，到伯克利求学，从事过多份有趣的工作，比如在纽约市开了几年的出租车。14个研究生在公共办公室齐聚时，他们喜欢交流自己在课堂上的经历和目前面临的困难。荷马是一个好学生，也是知识分子，但他很有幽默细胞。如果查理讲了一段让自己火冒三丈的经历，那荷马一定会发现其中的幽默并开个玩笑，于是大家沉浸在欢声笑语中。

虽然他俩刚开始没有共同点，但是很快成为朋友。如今20年过去了，查理对荷马心怀感激，因为在他的帮助之下查理不再过分苛求自己，也找回了久违的幽默感，这一点一定会令他终生受益。

如果你在困难时期，面对艰巨的工作和大发雷霆的同事还能保持幽默感，那你就能创造出积极的氛围，并让同事感受到你的平易近人，而且能增加你交到朋友的胜算。

5. 敢于独自讲真话

> 最好的朋友就是帮助你达到巅峰状态的人。
>
> ——亨利·福特

有一次亨利·福特和一个朋友共进午餐,福特问道:"你最好的朋友是谁?"那个人回答他也不确定,福特大声说:"我来告诉你!"他掏出铅笔在桌布上写道:"最好的朋友就是帮助你达到巅峰状态的人。"

这就是朋友的作用,他们能够帮助彼此达到最佳状态。有时这种状态可以通过鼓励来实现,但有时最好的办法就是把真相告诉他们。很多人不愿这样做,因为他们不想拿交情来冒险,或者对朋友不够关心,不愿花费气力。

东方有一句谚语,"朋友就是提醒你的人"。如果你即将陷入麻烦,那朋友一定会事先提醒;如果你被感情冲昏头脑,那朋友也会提醒你;如果你的工作表现会损害企业的利益或阻碍你的事业发展,那朋友也会告诉你真相。

挺身而出揭示残酷的现实非常冒险,讽刺之处就在于为了说服他人你必须先跟他们建立交情,赢得信任。因此这种情况下进退两难,如果不告诉他们真相,那你算不上一个好朋友;但是讲出真相又以建立友谊为前提,否则他人不会相信你的说辞。你和朋友的关系越亲密,他们就越有可能听从你的建议。

查尔斯·施瓦布(Charles Schwab)从一个驾驶员白手起家,攀升至卡内基钢铁公司(后来的美国钢铁公司)董事长,据说他是一位杰出领导和激励专家。他能够在生活的方方面包括职场上看到友谊的价值。施瓦布说:

> 与每个人交朋友。交到朋友后你就会发现身边总是不

乏支持。古话说得好，如果你只有一个敌人，那你会发现他无处不在。树敌得不到任何回报。在生活中友善地对待每一个人，你就会吃惊地发现生活充满乐趣。同时，你也会吃惊地发现对同级颇具影响力。

原则四

避免办公室政治

一个原计划发表主题演讲的政客在演讲活动中迟到了。他通常会事先了解活动地区和主办方,但由于他日理万机忽略了这一点。与会者已经吃完甜点,他匆忙向讲台走去,没有机会跟任何人讲话。

主持人介绍之后,政客只得迅速开始演讲。灯光聚焦在他身上,他立即对竞选活动的主要问题滔滔不绝地展开论述。中间停了一小会儿,主持人轻声告诉他,台下的听众来自反方,对刚才那些问题持反对态度。

政客毫不犹豫地说:"各位朋友,刚才我已经详细说明了反方的观点,下面我会把事实告诉大家。"

虽然这种策略通常适得其反,但有些谋求公职的人有可能借此全身而退。但在职场上面对熟悉你的同事,你一定很难脱身。在职场上玩弄手段一定会造成同事对你的疏远。

在我看来,"玩弄手段"的定义就是为了赢得掌权者的青睐而两面三刀或改变日常的行事作风。对于那些谋求升职的人,这通常意味着根据自己代表的派别而改变对某些问题的立场。在职场上,"玩弄手段"也就是拍上司马屁,或者不断变更职位以迎合当权派,或者不顾他人利益利用他人牟取私利。玩弄政治的人变幻无常,投机取巧,不顾同事、上司和企业的利益,只会运用权宜之计得到眼前的好处。

出人头地的途径

在企业里出人头地似乎有两种途径。第一种是出类拔萃地完成工作，第二种则是玩弄手段。依赖表现和依赖手段有诸多不同之处。

依赖表现的人	依赖手段的人
取决于自己的进步	取决于自己的人脉
专注于手头的工作	专注于说出的话语
深藏不露	外强中干
完成实际的工作	偷工减料
完成必要的工作	完成受欢迎的工作
努力掌控自己的命运	将自己的命运交到他人手上
主动跨上新台阶	消极等待
根据原则做出决定	根据他人的看法做出决定

"玩弄手段"的人有一个基本特点，支配他们的动力是胜人一筹，而不是追求卓越、生产力、团队合作或稳定性。价值观和能力都是他们野心的次要因素。即使他们偶尔胜人一筹，那也只是昙花一现。长期而言，正直、始终如一和突出表现才能带来回报，只有这样才能增强团队合作并使你心安理得。

如果你曾在职场上玩弄手段，原因可能是发现其他同事也在耍手段，你认为只有以其人之道还治其人之身才能不断晋升。或者你没有进步，能力也没有增强，对自己缺乏信心。也许你没有恶意，但是不管原因何在，只要你玩弄手段，那一定会辜负一些同事的信赖。你必须向这些同事道歉，寻求和解。这一点很难做到，但是想要横向领导，你必须这样做，从而在同事中恢复信誉。

如果你天性不爱玩弄手段，我仍建议你谨慎行事。在某些工作环境中，人们经常被迫运用手段，最终会恶化同事间的关系。为了避免这种困境，读者可以采用以下方法。

1. 杜绝流言蜚语

据说伟人交流思想，普通人谈论自身，小人议论他人。这就是流言蜚语的作用，它会贬低人们的形象。流言蜚语损人不利己。它会贬低说人坏话的人，甚至会贬低听众。因此你既不应传播流言蜚语，也不应听他人议论。如果你在别人传播流言蜚语时及时制止，那你会对当事人产生好印象，也会自我感觉良好。另外，如果有人向你传播流言蜚语，那有一天他也会散布关于你的流言蜚语。

伟人交流思想，普通人谈论自身，小人议论他人。

英国前首相温斯顿·丘吉尔说："雄鹰沉默下来时，鹦鹉开始叽叽喳喳。"全方位领导者应该像雄鹰，他们在天空翱翔，展翅高飞，激励下属。他们讲话的目的不是听到自己的声音，他们不会抱怨他人以平复心情。如果与某个人产生矛盾，他们会找到本人直接解决问题，而不是借助第三方。他们在公共场合表扬他人，在私下场合直接批评。如果有话不想让别人听到，那他们压根不会说出这些话，因为当事人总能听到关于自己的坏话。

2. 远离不必要的纷争

在大多数工作环境中，过去的积怨、持续的争执和不必要的争吵是家常便饭。明智的中层领导者即使认为自己有能力解决，也会避免轻易陷入这些争执。俗话说得好，牛头犬随时都可以打败臭鼬，但牛头犬表示不屑。这正是全方位领导者应该持有的态度。

最近我收到了一封马文·舍恩哈尔斯（Marvin Schoenhals）的邮件，他是威明顿储蓄基金会的主席和会长，我在得克萨斯州达拉斯市的首席执行官论坛上演讲时与他结识。他在邮件中写到他居住在密歇根州奥瓦所市，是市议会的七个议员之一，他说自己有诀窍把握宏观动态并整合很多不同的意见。他写道：

> 我经常迅速总结问题，将小组讨论带到更高的层次上，而不是纠结于细节。因此，在会议开始前其他议员越来越多地寻求我的意见。
>
> 察觉这种情况之后，我从未想过对其加以利用。我愿意直抒胸臆，但在会议结束时我会尊重市长的意见。另外，我也会摆正位置，有时即使我认为议会的讨论偏离正确的宏观方向，我也不会贸然插嘴。即使不同意他们的观点，我也会放弃一些问题，我意识到对某些问题保持沉默才能赢得信誉。

马文继续讲道，在一年的时间内他就成为议会的非正式领导，不久之后又当选市长。

能够分辨事情的举足轻重，分辨何时直抒胸臆、何时低调倾听，这是成熟的标志。如果你想成为高效的全方位领导者，那你就需要培养这种能力。

3. 支持正确的而不只是受欢迎的决定

明智的领导者应该经常低调倾听，但是我也认为领导者应该维护正确的决定，即使这些决定并不受人欢迎。怎样做到这一点呢？怎样分辨何时挺身而出，何时不动声色，尤其是在很多人将真相视为主观臆断的环境中。我的建议是运用黄金法则：无论何事，你们愿意人们怎么对待你，你们就应该怎样待人。

在《101条道德规范》一书中，我提到黄金法则作为一种礼节在世界各种文化中得到广泛认可。除基督教之外，犹太教、伊斯兰教、佛教、印度教、波斯教、儒学、巴哈教和耆那教等宗教都有不同版本的黄金法则，如果你看到别人受到的待遇是你不想发生在自己身上的，那这时你就应该挺身而出。

4. 全面看待问题

我很喜欢这条商业建议：你想和上司争吵时，要仔细考虑两个因素——上司的立场和外部环境。从同级的角度全面看待问题可能不如从上司的角度看待问题来得重要，但是多方位看待问题也很关键。它能帮助你避免在思想上陷入教条主义或钻牛角尖。

你想和上司争吵时，要仔细考虑两个因素——上司的立场和外部环境。

中层领导的优势之一就是有机会从多个角度看待问题。这种机会并非人人都有的，高层领导可视范围有限，只能看到全局和关键；基层员工也会受到限制，只能看到自身的问题。但是中层领导视野更开阔，他们能够看到某个问题对自身有何影响，也能看到对上司和下属有何影响。他们能够贴近基层员工，从员工的视角看待问题；也能靠近高层领导，至少在一定程度上把握全局。全方位领导者能够充分利用这些角度，不仅实现向上和向下领导，还能实现横向领导。

5. 不要独占资源

政治与权力密切相关，政客总是保护属于自己的一切，因为他们不想丧失权力，如果他们丧失权力，那有可能一败涂地。我曾经提到过，取胜是他们最重要的动力。不惜一切代价赢得胜利的人勇于斗争，捍卫属于自己的一切。他们为预算而斗争，为办公空间斗争，为自己的想法斗争，也会储备自己的资源。这些都属于他们，因此他们要坚决捍卫。

想要横向领导的人心胸更宽广，他们会关注团队的利益。如果需要放弃一些空间来帮助企业，那他们心甘情愿。如果对企业有利，他们愿意让其他领导承担他们之前完成的任务，即使将自己的预算分给其他领导，那他们也会同意。毕竟团队才是最重要的。

6. 心口如一

与其他任何领导方式相同，全方位领导者也要赢得下属的信任。有人问丘吉尔政客最关键的品质是什么，丘吉尔回答："最重要的是有能力预见明天、下个月以及明年的情况，之后还要解释为什么没有出现预期的情况。"丘吉尔比20世纪的任何人都更懂得政治的动态平衡。政客面临着巨大的压力，因此很多人妥协下来，只是报喜不报忧，而不是表达自己真正的观点。正是这些妥协者塑造了政客的负面形象，却要所有政客一起承担。

如果你想赢得他人的信任，精明能干还不够，你还要做到真实可靠和表里如一。达到这些条件的途径就是将你的话语、行动和承诺统一起来。如果做到这一点，那你的同事就会发现你值得信赖。

并非所有和政治有关的人都只有负面形象。我认识很多公共职务的候选人，他们非常正直，真心实意为人民服务。"政客（Politican）"这个词一眼看去貌似褒义，但很多人对它没什么好印象。

不要做政客，努力成为政治家（Statesman）。《韦氏新世界同义词词典》定义如下：

这两个词的内涵大相径庭:"政客"含有阴谋诡计之意,政客为了党派或个人私利参与政治活动(尤其是小型政治活动),如"一个言而无信的政客"。

"政治家"含有精明能干、目光长远、无私奉献、舍身为国之意,政治家负责处理国家事务(尤其是国家大事),如"一位卓越的政治家"。

在企业中成为政治家是一个明智的选择。如果你始终把握全局,无私奉献,并圆滑机敏地处理与同事的关系,那你一定会脱颖而出,赢得信誉,提升团队和自己的表现。如此一来,你就会增强对他人的影响力。

原则五

扩大人脉圈

1997年,我将企业从加利福尼亚州圣地亚哥市迁到乔治亚州亚特兰大市。迁址之后,我意识到有必要扩展非裔美国人的人脉圈,这对于我来说完全是一片新天地。

我在俄亥俄州的一个小镇上长大,20世纪50至60年代,那里有色人种很少。我职业生涯中的前10年主要在美国中部印第安纳和俄亥俄州的农村地区工作,之后15年在南加州工作。在那里我接触到西班牙文化和其影响下的人群,我在一个教堂担任领导,接触到很多不同背景的人,但是很少有非裔美国人。我在全国各地举办演讲时,参与者中非裔美国人也很少。因此来到亚特兰大后,我这个"外乡人"意识到是时候拓宽自己的视野,在这个地区茁壮成长了。

我希望亚特兰大州一个朋友能助我一臂之力,塞缪尔·昌德博士是比尤拉高地圣经学院的校长。这所学校有很多学生是有色人种,而且多数为非裔美国人。我请塞缪尔为我介绍一些在当地颇具影响力的非裔美国人,他欣然答应。从此之后,我每隔一个月都会按照他的安排与该地区不同的领导者共进午餐。

这段进步的经历非常美妙,我见到了很多了不起的人,比如杰出的领导艾迪·隆主教(Bishop Eddie Long),他管理着亚特兰大最大的教堂;还有科瑞塔·斯科特·金(Corretta Scott King)和她的孩子以及许许多多其他知名人士。少数人对我有所耳闻,但大多数并不认识我。与他们交往其乐无穷，有人曾怀疑我怀有不可告人的企图，但他们很快承认我的目的是向他们学习，并尽可能为他们增值。我总是以这种心态结识新朋友。与他们共进午餐时，我经常脱离自己的熟人圈，但是我很高兴，因为了解了很多关于非裔美国人社区的情况，也跟很多新朋友建立了深厚的交情。

留在舒适而安全的环境中非常简单，这正是大多数人的做法。他们逃避改变，留在安全区内。但是在逃避改变的同时你得不到任何成长，二者不可兼得。如果你想增强自己的影响力，那就必须扩展人脉圈。

扩展人脉圈令人忐忑不安，但是它对你有诸多好处。首先，它能推动你进步。扩展人脉圈能为你提供新的思路，促使你换个角度看问题，从而想出新点子。它还能帮助你学到新的工作方法并培养新的技能，同时为你注入创新性思维。

扩展人脉圈还有一种价值，那就是交际网络，帮助你与更多人打交道，有朝一日还可以利用他人的人脉网，就像雅虎首席解决方案部总裁蒂姆·桑德斯在《爱是撒手锏》中写的一样。

> 在21世纪，成功取决于人脉。对于我们见过的所有人，通信录里的每个人都有可能成为他们的合作伙伴……关系是我们在人际网络里的节点，交织出我们在职场上的希望，同时也是成功的指标。一些最耀眼的新经济明星——比如凯文·凯利（Kevin Kelly）（《新经济新规则》的作者）、合著《释放杀手级应用》的拉利·唐斯（Larry Downes）和梅振家（Chunka Mui）都认为，公司、企业和个人是关系网络的构成要素和无价之宝。整合并利用关系网络能够超越股票、互惠基金和存款，创造出长期价值（以及内心的平静）。为新的联系人创造价值定位，增强他在网络中的归属感，这就是网络效应法则，它是生意场

上的金科玉律。网络能够促使价值激增……如果完全浸入关系网络，那我们就可以拥有很大的能量。

桑德斯认为，除了知识和恻隐之心，人脉网络是一个人最宝贵的资源。

怎样扩展人脉圈

每个人都有自己熟悉的亲友圈，这些人构成了我们的人际网络安乐窝。也许你喜欢与他人打交道，也经常积极主动与圈外的人交往。如果确实如此，请继续保持。人脉圈越广，那你潜在的影响力就越大，也就越容易受到他人的积极影响。

如果你不喜欢扩展人脉，那请思考以下问题。人们就像橡皮筋，拉伸而不是闲置时价值最大。作为中层领导，只有逼迫自己走出熟人圈才能凸现价值，你可以按照以下三个方向扩展人脉。

- 结识时间长的人
- 与你经验相同的人
- 据你所知对你有好印象的人

如果你的交际圈从5人扩展到50人，或者从12个人增加到100人，那将会发生什么改变呢？如果同事无法解答你的问题，那从其他熟人那里得到答案的时间将会缩短；如果一个朋友要找工作，那你帮他联系到雇主的可能性也会增强；如果你向新市场进军，那你可以给熟人打电话向他了解这个行业，至少向朋友的朋友打听。你甚至能更快地了解到城里最美味的饭店、最棒的度假地点和汽车销售点。你建立的人脉越广，与同事分享得越多，那对同事的影响力就越强。

如果你想扩展自己的交际圈,那就需要策略和意志。你必须付出努力,我乐于提出如下建议,帮助你制定扩展交际圈的策略。

1. 突破核心人际圈

想要突破安乐窝,应该从核心人际圈入手。你的每个朋友都有你不认识的朋友,从核心人际圈的朋友入手,然后不断扩展。你最亲密的朋友从事什么工作?他的哪条人脉对你颇具价值?想想你曾听朋友们谈到的有趣人物,也想想他们的兴趣,他们通过爱好和旅行又结识了哪些人?

想要突破安乐窝,应该从核心人际圈入手,你的每个朋友都有你不认识的朋友。

我相信对于每个朋友,你都能列出三四个甚至十几个想要通过这个朋友结识的人,而且这些人很有可能也想结识你。为何不请朋友介绍其中几个人给你认识呢?让朋友叫他们出来聚餐,就像我请塞缪尔帮忙一样;你也可以加入他们的共同爱好中;或者直截了当抄来电话号码,亲自与他们联系。

在第一轮交际圈的扩展速度会令你大吃一惊,你还可以在一夜之间使自己的交际圈增至两倍、三倍甚至翻两番。只要你扩展了自己的人脉圈,那一定要定期联系这些新朋友,从而保持联络。

2. 超越自己的专长领域

我非常重视在我这一行经验丰富的人。实际上,我鼓励读者与自己的行业里术业有专攻的多多交流,但你不应将交往范围限制在你的部门或专业领域内。

如果不限制企业的规模，假设你在一个拥有多个部门的大型企业工作，我建议你开始联络其他部门的同事。不管你所在的企业是什么类型，只要各个部门之间保持联络，相互理解，每个人都会从中获益。如果销售部门和会计部门建立联系并相互理解，如果饭店的服务员和厨师融洽相处，如果市场部员工和工程师彼此欣赏，那对他们自身、客户和企业都有好处，一定会皆大欢喜。

3. 超越自己的优势

即使在业余生活中，我们也会尊重并欣赏和自己优势相同的人。体育明星经常结伴出游，演员通常和同行结婚，企业家们也喜欢分享彼此的经历。问题在于如果你只和同类人共度时光，那你的交际圈会儿得可怜，你的想法也会受到限制。

如果你创新性强，那就主动与分析型的人打交道。如果你是A型性格（A型性格的人脾气比较火暴，有闯劲，遇事容易急躁，不善克制，喜欢竞争，好斗，爱显示自己才华，对人常存戒心等），那就学着欣赏那些从容不迫之人的长处。如果你擅长经商，那就与非盈利机构的员工交往；如果你是白领，那就多联络蓝领工人。每次碰到与自己的专长不同的人，都要学着欣赏他们的才能并加深了解，如此有助于增加阅历并促使你以欣赏的眼光看待他人。

4. 超越个人偏见

法国小说家安德烈·纪德（Andre Gide）说："毫无偏见的头脑是世界上最稀罕之物。"可惜被他说中了，我认为所有人都在不同程度上怀有偏见。对于素未谋面的人，我们会对他的人种、种族、性别、职业、国籍、宗教或社会关系产生偏见，偏见确实会给我们带来限制。

如果想要一方面超越熟人圈，另一方面超越自身想法的桎梏，那就需要拆除存在于我们头脑和心灵中的偏见之墙。小说家格温·

布里斯托（Gwen Bristow）说："如果我们愿意随时随处扔掉自己的偏见，那就能得到一个崭新的世界。只要我们从现在开始对抗偏见，那就能一砖一瓦建造这个世界。"

你最讨厌或者最不信任哪类人呢？为什么持有这样的观点？是因为一个或几个人的行为阻碍你实现自己的目标吗？想要改变这种不加选择的喜欢或憎恶，你必须主动与这类人交往，努力找到彼此的共同点。打破这种桎梏的难度最大，但绝对值得一试。

5. 超越常规活动

结交新朋友最大的障碍之一就在于常规活动。我们总是来到相同的地点——同一家加油站、咖啡馆、杂货店和餐馆，服务供应商固定不变，商业合作伙伴也固定不变，一切都轻而易举。但是有时我们也需要打破常规，尝试新事物，也就是离开自己的安乐窝。

有些情况下，打破常规还有助于和老朋友保持联系。2005年春天，我的两家企业EQUIP和ISS另迁新址。在过去，虽然两家企业的办公区域相互分离，但可以通过公共大厅联系起来，两家企业也共享某些工作室、会议室和餐厅等。

新办公地点也位于同一幢大厦，但是两家相隔更远。它们占用着不同的房间，每一套都有其附属空间。搬家两周之后，我跟给我当了近20年助手的琳达聊天，她说办公地点的改变促使她打破常规。

每次和琳达交流，我都会问她工作是否顺利，因为她对企业氛围的感觉很敏锐，任何问题都逃不过她的眼睛。但是企业迁址之后，她发现EQUIP与她的日常工作完全脱轨，办公楼另一头大家的工作状态如何她一无所知。因此，擅长人际交往的琳达下定决心打破常规，每天至少一次到EQUIP团队与大家接触。这并不是她的职责，但她知道这种方法很有价值。

我关于扩大影响力覆盖范围的观点并不激进，这些观点非常实际。但是本章的主旨是提醒读者不要等待天上掉馅饼，你需要发挥主动性，投入时间和精力，即使不爽，仍要做正确的事，在发展人际关系时尤其要注意这一点。

我从不后悔走出自己的安乐窝与陌生人交往。即使联络失败，不能彼此吸引，或者对方不悦，我总能有所收获，因为我能够积累经验，学到知识或者通过这个人认识其他好朋友。假以时日，这种对影响力的投资一定会得到回报。

原则六

让闪光创意脱颖而出

假设你正在为一个重要的项目会议做准备,你的上司和企业的几个同级将会参加。上司在众多同事中选你来主持会议,你知道这是你的机会,所以不仅做了充分的准备,还花了很多时间对这个项目仔细思考,集思广益,制订计划并努力预期前方的障碍。通过与同级和下属的初步讨论,你认为自己的创意完胜其他任何人的任何创意。

于是你信心满满地主持会议。但是没过多久,会议议程并不像你预期或计划的那样进行下去。你的上司做出评论并将讨论引到另一个方向。刚开始你会想:"没关系,可以补救,我的创意仍然奏效,我只需要把大家的讨论拉回来。"

然后,一个同级提出了一个新创意,你对它不以为意,但貌似其他人连连称赞。另外几个人跳过你最初的创意,开始扩充同级的创意。你能感觉到会议室里大家的积极性越来越高,创意闪现着火花,每个人都在明显地偏离你花费几个星期计划的一切,你曾将这个创意视为自己的"孩子"。

碰到这种情况怎么办?

在这种情况下,大多数人的第一反应就是维护自己的创意,毕竟他们投入了不少心血,比如以下各项。

- 智力投资——为了收集信息、提出并修改创意,要花费数小时进行思考、计划并解决问题。

・体力投资——为某个重要会议或展示做好准备通常费时费力，也会用到很多资源。

・情感投资——如果人们想出了自己满意的创意，他们会自然而然地联想这个创意能为企业做出什么贡献，为自身和自己的事业带来哪些好处。

这时，他们会非常依赖自己的创意，很难放手任其枯萎，尤其是其他人没有付出任何努力却将功劳揽到自己身上。

创意：企业的生命线

> 想成为全方位领导者，如果你的创意并非最佳创意，那你就需要抵制诱惑，果断放手。

想成为全方位领导者，如果你的创意并非最佳创意，那你就需要抵制诱惑，果断放手。为什么呢？原因就在于闪光的创意对企业至关重要。凡士通轮胎和橡胶公司创始人哈维·费尔斯通（Harvey Firestone）说："资本对企业经营不重要，经验也不重要，你可以轻易得到这两样东西，而重要的是创意。如果有创意，那就具备最宝贵的资源，那你的企业和个人职业生涯将前途无量。创意对任何人来说都是宝贵的财富。"

在卓越的企业里，从上到下的领导者都会提出闪光的创意，这正是企业强盛的原因。他们带来的进步和创新并非来自高层，他们的创新研讨会也没有高层领导来掌控，每次会议也不像摔跤比赛一样角逐谁占上风。人们聚在一起组成团队，通力合作，他们的目标是让闪光的创意崭露头角，因此他们能取得进步。

> 资本对企业经营不重要，经验也不重要，你可以轻易得到这两样东西，而重要的是创意。
>
> ——哈维·费尔斯通

使闪光创意崭露头角的中层领导最能满足企业的需求，他们能够在同事中创造出协同效应。只要他们出现就能提升整个团队的表现，因此对同级的影响力会越来越大。

怎样产生闪光的创意

让闪光的创意崭露头角，首先要提出众多好点子，然后努力改进。全方位领导是怎样做到这一点的？他们怎样帮助团队发掘闪光的创意？我认为全方位领导者会应用下面的模式。

1. 全方位领导者听取一切创意

想要找到闪光的创意，首先应该以开放的心态听取所有的创意。数学家和哲学家阿尔弗雷德·诺斯·怀特（Alfred North Whitehead）说："几乎所有的新点子刚提出来时，都显得有点愚蠢可笑。"在头脑风暴阶段，枪毙任何创意都有可能妨碍你发现闪闪发光的创意。

在《为改变而思考》一书中，我推荐读者学习11种思维技巧，其中就包括"共享型思维"。共享型思维比单打独斗型思维更快捷，更新颖，更可贵。最重要的是，只有在合作的环境中共享好的创意，团队成员才能酝酿、塑造并完善这些创意，最终才会出现闪闪发光的创意。全方位领导者会帮助企业营造这样一个环境。

> 几乎所有的新点子刚提出来时，
> 都显得有点愚蠢可笑。
> ——阿尔弗雷德·诺斯·怀特

2. 全方位领导者不会满足于单个的创意

在我看来，很多情况下领导者匆匆选定某个创意并开展行动，因为他们太看重行动，跃跃欲试，急于实现目标，攻下一个山头，但问题是他们经常爬到山顶之后才发现攻错了山头。

单个的创意永远不够，大量创意才能使我们强大起来。民主便是基于多个创意，如果人们尝试新方法，那他们有机会付诸行动并等待开花结果。如果这个创意受人欢迎，那它就会进一步得到实施；反之，就会有其他的创意来取代它。由于享有自由，民主国家创造力强，机会无限，潜力无穷。民主模式可能杂乱无章，但是无论如何它确实富于创造力和协作性。

自由市场的观点推动了全球经济增长，也能推动企业的发展。如果以开放的心态面对创意和选择，那人类就能持续发展，创新与进步。

3. 全方位领导者在不寻常处发现创意

杰出的领导者会留意闪光的创意，他们总是不停地寻找。他们会将这种留意升华为规律，在读报纸、看电影、听同事讲话或休闲娱乐时，他们总是不断搜索能够提升工作表现和领导力的创意和实践。

想要发现闪光的创意就得努力搜索，创意绝不会自己送上门来。

4. 全方位领导者不会以性格牵绊目标

如果你讨厌或鄙视的某个人提出建议，那你的第一反应是什么？你一定会否定他的提议。有一句俗语是"考虑起因"，这句话很有道理，如果你不小心谨慎，那有可能用错误的方式对待好的创意。

不要因为某个同事的性格问题而忽视整体目标，也就是为团队增值并推动企业进步。就算提出创意的人你不喜欢甚至跟他有过节，你也要考虑这些创意。抛开你的傲慢，仔细聆听。如果有必要反对他人的创意，那也要明确你是对事不对人。

5. 全方位领导者保护创造型人才及其创意

创意非常脆弱，特别是刚为众人所知时。广告总监查理·布劳尔（Charlie Brower）说："新的创意非常脆弱，一声嘲笑或一个哈欠就能将它否定；讥讽能把它刺死，关键人物的皱眉也会使它心惊胆战。"

如果想让闪光的创意崭露头角，那你必须珍视创新型人才和他们对企业做出的贡献。如果发现创新型员工，你需要提拔、鼓励并保护他们。实用主义者经常否定创新型人才的创意，全方位领导者则注重创新，他们能够帮助身边的创新型人才茁壮成长，从而不断冒出新创意，造福整个企业。

6. 全方位领导者不会因他人拒绝自己的创意而视为私人恩怨

如果你的创意得不到大家的认可，尽量不要记在心上。如果你在会议过程中受此困扰，那就不会产生任何创意，因为会议的核心内容不再是创意或推动企业进步，而是伤害你的感情。在这种情况下，如果你能停止挣扎，将注意力集中于创意，那你就能为身边的人铺平道路，促使他们的创新能力更上一层楼。

这条建议并非陈词滥调。我会以正确的态度面对创意，也能举出例子，说明我放弃自己的诉求并接受他人的创意。如果你在出版业毫无经验，那你大概认为作者能够决定自己的书名。可能有些作家确实如此，但我并非属于这种情况。我写过四十多本书，但是只为12本选择了书名。我写了9本普及版书籍，其中我只为一本书选定书名。

书籍对于作者来说相当于私人物品。我为什么允许他人选择书名呢？因为我知道自己的创意不可能永远最好。我经常自我感觉良好，但如果会议室里的每个人都不以为然，那就要接纳他们的意见。因此我持有这种态度，企业的领导者不需要屡战屡胜，重要的是让闪光的创意崭露头角。

梅尔·纽霍夫（Mel Newhoff）是顶尖的广告公司波泽尔国际广告公司的执行副总裁。在他这一行，创意就是一切。纽霍夫关于创意对大局的影响以及怎样处理人际关系有几条金玉良言。

> 对工作热情饱满；刚直不阿，敢于维护自己的创意，但也要学会妥协。
>
> 没有热情，企业不会重视你；如果你不维护自己的创意，那他人也会漠然视之；涉及原则问题，一定要坚定不移。

然而另一方面，生活中的一切并非那么"绝对"，很多事情与原则无关，只是不同的感受与观点，在这种情况下你可以妥协。如果你从不妥协，那就会将很多机会拱手让人。

成为全方位领导者进行横向领导不是随心所欲，也不是不惜一切代价取胜，而是赢得同级的尊重并影响他们，从而帮助整个团队获胜。你应该充满热情，下定决心，坚信自己能够为团队做出贡献；应该秉持自己的价值观，在危难中坚守原则。但是合作精神有助于企业的发展，在考虑问题时用"我们的"创意来替代"我的"或"他的"创意，那你就具备了合作精神。你的动力不应仅限于赢得朋友和影响他人，帮助闪光的创意崭露头角也是动力之一，如果你做到这一点，那你自然会赢得朋友并影响他人。

原则七

不要假装完美无缺

> 如果一个人非要等着自己能把事情做得完美无瑕,让别人挑不出毛病,那他终将一事无成。
>
> ——纽曼枢机主教约翰·亨利

有个人饱受头痛折磨,一天他终于来到医生面前。

"我也不知道为什么总是头痛欲裂,"他哀叹道,"我不像很多人一样酗酒、吸烟,晚上到处闲逛或暴饮暴食,也不会……"

这时,医生打断他说:"我问你,你所抱怨的这种头痛是不是像尖锐的撞击一样疼?"

"是的。"那个人答道。

"这里、这里还有这里疼吗?"医生指着他头上的三处问道。

"没错,"那个人满含希望地回答,"正是这里。"

"很简单,"医生说着拿出了诊断书,"你的病因是光环太紧了。"

很多领导者就像笑话里的主人公,他们不遗余力地为他人留下完美的印象。问题在于,正如《星期六评论》的资深编辑诺曼·考辛斯(Norman Cousins)所说:"除非变异为新的物种,否则人类绝不可能完美无缺。"

怎样在竞争的环境中变得"真实"

不管你是首席执行官还是中层领导，费心费力给他人留下完美的印象最不可取，这完全是白费力气。人们在写简历时最接近完美。但人无完人，你自己、你的同事和上司都有缺点，因此我们不必假装。能够真诚面对自己有缺点的人才能吸引他人，他们值得信赖，平易近人。在每个人都想通过假装完美来爬到高层的环境中，不假装的人能为公司注入新鲜空气。

我为读者提出如下建议，从而"变得真实"，成为更干练的全方位领导者。

1. 承认自己的错误

近期我受邀在一个首席执行官论坛上发表演讲，我为出席论坛的各位公司领导提出建议，回到公司后诚实地面对他们的缺点，向同事承认自己的错误。演讲结束后，一位首席执行官找到我，他想谈谈自己的看法。

"您刚才竟然建议我们向同事承认自己的弱点，"他说，"我认为这个建议糟透了。"

我问他为什么，他回答："领导者应该完美无瑕，无所畏惧，他应该永远掌控一切，否则下属就会对他失去信心。"

"我认为你假设有误。"我回答说。

"哪里有误？"

"你以为同事不知道你的缺点吗？"我解释道，"你承认自己的缺点并不是将同事们不了解的情况告诉他们，我建议你这样做的原因是告诉同事们你明白自己的错误。"

你身边的同事清楚你的缺点、错误和盲点，如果你不信，那可以壮着胆子问问他们。变得真实并承认自己的缺点之后，你的行为举止才会平易近人，值得信赖。如果犯了错误，一定要勇于承认并尽快寻求谅解。这种方法最能释人疑虑，最能消除人际关系的障碍。

2. 寻求建议

据说我们已经知道答案但不愿面对的时候才会寻求建议，确实如此吗？有些人如果知道答案就不愿寻求建议，因为他们害怕自己丢脸，他们只会在犹豫不决时寻求建议。如果人们在茫然无措时寻求建议，而不是假装犹豫不决，那办事效率一定会有质的飞跃。

3. 不要太在意别人怎么想

詹姆斯·休姆斯（James C.Humes）在《丘吉尔的机智与智慧》一书中讲过一个故事，这个故事发生于下议院。国会成员通常会阐明自己的观点，当时首相有机会回应他们的评论。有一天，社会党的一个成员对首相丘吉尔破口大骂。在他发飙时丘吉尔无动于衷，面露厌倦之色。这个人说完后，丘吉尔站起来说："如果我重视阁下的意见，那我可能会生气。"

不尽完美还有一个好处，那就是给他人带来快乐。

太在意别人看法的人很少采取行动，他们总是纠结于取悦他人。我了解他们是因为我曾经也是这样，在事业起步期，相对于采取最佳行动，我更关心他人对我的看法。我花了好长时间才明白这个道理，那就是问心无愧比取悦他人更重要。失败在所难免，因此我会努力做到问心无愧，安然入眠。另外，不尽完美还有一个好处，那就是给他人带来快乐。

想在同事中赢得信誉，那一定要做真实的自己。如果实实在在，那每个人都会喜欢你吗？也不尽然。但伪装得面目全非也不会赢得每个人的欣赏，别人只会对你更加厌倦。

4. 敞开心胸向他人学习

你见过总是扮演专家角色的人吗？跟这种人相处一定会索然无味，因为他们总是自以为是，俗话说得好，如果相处不融洽，人们就不会与你同行。

据说林肯总统曾这样应付一个自称"万事通"的人，我很欣赏他的做法。林肯总统问："如果将尾巴算进去，那一只羊有几条腿？"

"五条。"那个人回答。

"错了，"林肯说道，"还是四条腿，因为你将尾巴当成腿，但实际上尾巴根本不是。"

想让他人认为你平易近人，那敢于承认自己的弱点是不够的，还要虚心向他们学习。"我们所遇到的每个人都具备教导我们的潜力"，我深信这一点。如果你认同这个观点，那你将有两大收获：首先，你能学到很多，因为你每见到一个人都有机会向他学习；其次，人们会更热情，我对陌生人敞开心胸，因此他们对我就像老朋友一样亲切。

5. 抛开傲慢和做作

通常我们认为只要为他人留下好印象，那自然赢得影响力。我们想成为他人的英雄——超凡脱俗。于是出现了一个问题，因为我们都是活生生的人，其他人能看清我们的真实身份。如果我们的目标是取悦他们，我们就会变得自大，之后发展成自负，最终导致众叛亲离。

想要影响他人，不必一味追求好印象。骄傲只是自私的表现形式，做作只是为了与他人保持距离，不让他们看清你的真实面目。与之相反，应该让他人为你留下深刻印象。

这是态度问题。具有人格魅力的人能够吸引他人，他们关注大家而不是自己。他们对大家嘘寒问暖，用心倾听，他们不想成为注意力的焦点，也不会假装自己完美无缺。

诗人兼哈佛大学教授罗伯特·希勒（Robert Hiller）说："在不尽完美的世界中，完美主义是一种危险的心态，最佳途径是打消疑虑，着手完成眼前的任务……只要你全力以赴，那就没有闲工夫为失败忧心忡忡。"只要你全力以赴就能赢得同事的尊敬，只要赢得尊敬，他们就会听取你的意见并给你机会，这正是领导力的起点。

回顾
全方位领导者横向领导的原则

在学习向下领导之前,先回顾一下横向领导的七大原则。

1. 理解、练习并完成领导力圆环
2. 赞美比竞争更重要
3. 成为朋友
4. 避免办公室政治
5. 扩大人脉圈
6. 让闪光创意脱颖而出
7. 不要假装完美无缺

第五章 领导力三原则
3. 向下领导的原则

跟随我，我会增加你的价值

在传统意义上，领导是一种自上而下的活动。上司领导，下属追随，就这么简单。如果你当过领导，长期也好短期也罢，那你可能想跳过这一章，心想"我知道怎样领导下属"。然而本章的内容却至关重要，我不希望读者错过，因为全方位领导者的定义与职位无关，他们通过人格魅力而不是职位、权力或筹码来领导，不仅要向上领导和横向领导，还要向下领导，这正是全方位领导者的独特之处和干练之源。他们不仅在上司和同级中赢得影响力，也会花费时间和精力赢得对下属的影响力。

> 全方位领导者不仅在上司和同级中赢得影响力，也会花费时间和精力赢得对下属的影响力。

横向领导的核心就是增加下属的价值。退休海军上将詹姆斯·斯托克代尔（James B.Stockdale）说：

领导力建立在善意的基础之上，善意并不是故作姿态，更不是曲意逢迎。应该全心全意帮助下属。我们厌倦令人恐惧的领导、吹捧的领导和放任我们的领导，我们需要真心实意乐于助人的领导，而不是仅仅出于职责。这样的领导永远不会失业,也不缺乏追随者。虽然听起来奇怪,但是杰出的领导者通过放权来赢得权威。

身为全方位领导,向下领导并不意味着让下属对你言听计从。你要了解下属,帮助他们发掘并发挥自身潜力。你应该成为模范,为他们指明前进的道路;你应该帮助他们融入更广阔的环境,他们单打独斗是做不到的;还要奖励他们为团队做出的贡献。总之,你要付出一切努力增加下属的价值。

原则一

慢慢穿过走廊

如果领导者花大把时间待在自己的办公室,和人们共处的时间不足,那就大错特错了。领导者日程紧凑,偏重任务和行动,因为他们想要完成工作。他们躲进办公室,或者匆匆忙忙赶去开会,经过大厅时忽略擦身而过的每个人,这种做法并不可取。首先,领导力要以人为本。如果忽略了人的因素,那你的领导力会遭受损害,甚至面临消失殆尽的危险。终有一天,你自以为领导他人,但回头一看发现无人追随,只有你一个人在散步。

> 首先,领导力要以人为本。

有效的领导力建立在人际关系基础之上,忽略人际关系的领导者只能依赖职位,或者期待"实力说明一切"。确实,杰出的领导者精明能干,但是他们也普遍关怀下属。

想要与下属保持联系并留神他们的情况,最好的办法就是来到下属中间随意聊聊工作。如果你在停车场看到下属,那就和他们聊天。会前提前几分钟进入会议室跟大家打招呼,但不要在搞清谈话内容之前贸然插嘴。另外,正如本章标题,慢慢穿过走廊。主动联系下属,还要给他们机会与你交流。

谈到非正式交流,中层领导会比高层领导拥有更明显的优势。

在下属看来，中层领导比高层领导更加平易近人，和蔼可亲，时间更充裕（其实不然）。不同于直接和高层领导打交道，下属不必担心"麻烦他们"，也不会为占用他们的时间而犹豫不决。

不管在企业中位于哪个层级，慢慢穿过走廊都是领导下属的妙方，但是最佳学习机遇在于中层而不在顶层。为了帮助读者掌握这种技巧，我在此提出如下建议。

1. 放慢脚步

想要与下属交流，你必须按照他们的节奏前行。与上司交流时，你可能要加快脚步。虽然存在例外，但是总体而言，领导者的职位越高，其工作节奏就越快。高层领导通常精力充沛，头脑灵活。

想要与下属交流，你必须按照他们的节奏前行。

与之相反，向下领导时，下属工作节奏较慢，虽然也有例外，但是整体而言确实如此。基层员工无法迅速处理信息并瞬时制定决策。其中部分原因在于信息缺失，还有一部分原因在于经验不足。

大多数想成为领导的人天生敏捷，但是想要提升领导水平，实际上你需要放慢脚步。一人独行可以加快脚步，赢得荣誉，但是领导他人则需要放慢脚步，联系下属，加入他们并带领他们前进。

如果你有子女，那一定对这种方法心领神会。下次在家完成某个任务时，试试这两种方法。第一次，找子女来帮忙。也就是说你要招募、培训、指导并监督孩子们，如果他们走神，那就把他们拉回正轨。如果子女年幼，那这个任务可能费心劳力；即使完成工作，那也很有可能达不到你制定的标准。

第二次，你试试独自完成工作。速度和质量能提升多少？发火的次数减少了几次？难怪很多家长刚开始招呼孩子们一起工作，希望教育并锻炼他们，但是用不了多久就把他们扔在一边。

独立工作进度更快（至少初始阶段确实如此），但是其回报有限。想让孩子学习、成长并发掘他们的潜力，那你就要付出代价，费时费力。即使要放慢进度或放弃其他事项，你依旧要在这个过程中领导他们。下属也是一个道理，独自奔跑的人速度最快，领导者并不需要第一个越过终点线，而应该充当带动下属越过终点线的先锋。不管在工作还是在家庭中，领导力的回报都来自后方。

2. 表现你的关怀

每天到家门口取信时，你一定会迫不及待地浏览所有的信封，你在找什么呢？可能是一个手写的信封，因为它标志着这封信是某个朋友写来的私人信件。人人都期待着关心我们的朋友嘘寒问暖。

我曾读过一篇报道，美国邮政服务每年要投递1700亿封信件，然而在这些海量信件中，私人信件还不到4%。也就是说你要整理100封账单、杂志、银行对账单、信用卡邀请、广告和其他垃圾邮件后才能找到4封朋友的来信，他们才是真正关心你的人。

你的下属也渴望关怀，他们希望看到别人对自己的关心。如果他们感受到上司的真切关怀和以人为本，而不是把他们当成替老板和企业完成任务的苦力，那员工一定会满心欢喜。

3. 在个人意愿和职业精神之间取得平衡

领导者在关心下属时要在个人意愿和职业精神之间取得平衡。职业精神说明你乐于帮助下属，所有优秀的领导者都有这个特点，但是个人意愿更加深入，它能显示出你内心的想法。

如果你以人为本关心下属，那一定不要越界。关心要适可而止，不能变成"多管闲事"。你的出发点是帮助他人，而不是侵犯隐私，使别人陷入尴尬境地。

从自然的话题入手，别人不会介意你询问他们配偶和子女的情况，或者询问爱好和其他兴趣。你也可以问一般问题，比如"最近怎么样"，然后不仅要注意他们的回答，还要留心他们的各种情绪反应。如果你感觉有问题，那就再追问一个不会构成威胁的问题，是否一切顺利，但是千万不要穷追不舍。如果下属愿意告诉你，那你也不要评头论足或贸然打断，除非他们向你寻求建议，否则不要匆忙提出建议。

为什么要花时间这样做呢？因为只有下属的私人生活顺心如意，他们的工作才能一帆风顺。家庭生活会影响到他们的方方面面，其中包括工作。如果你对下属的私人生活心中有数，那就能期待他们的工作表现，可能有机会在这个过程中协助他们。

4. 在人们躲避你时提高警惕

如果你养成习惯，慢慢穿过走廊，那就能加深对下属和企业的了解。你能知道工作进行得如何，也会增强领导力直觉，如果出现问题，那你会很快发现问题。

大多数人都是习惯性动物，他们陷入某种模式，大多数时间周而复始地做着同一件事。你经常走动，将会习惯于和大家打招呼。人们觉得你平易近人，会主动走出座位或隔间跟你聊天。他们非常透明，如果一个健谈的人碰到难题，那他会突然回避你。因此你在下属中走动时，别忘了问问自己看不到谁的身影了。

通常情况下，暴露出问题的是下属的行动而不是语言。人们总是报喜不报忧，这种例子在我开设的咨询企业ISS中随处可见。我们和某个领导合作建立伙伴关系时，如果这个领导打算签合同，那一定会快言快语；如果不感兴趣，那他会很长时间与我们交涉。优秀的全方位领导者一定会放慢脚步，从而观察、倾听并理解言外之意。

5. 关心下属，下属才会关心企业

全方位领导者有很多过人之处，但是他们有一个共同点，那就是虽然对远景满怀期待，对行动热情十足，但他们会将主要精力放在员工身上。只关心企业经营的领导会失去人心，企业也会一塌糊涂。但是关心员工的领导既能赢得人心，企业经营也能风生水起。

在你努力放慢脚步的过程中，我建议你找到适合自己性格、工作条件和领导方式的途径。我曾在一个秋天的夜晚看过《周一橄榄球之夜》节目，该节目有一半的时间在访问国家美式橄榄球大联盟的教练迪克·弗梅尔（Dick Vermeil）。

> 只关心企业经营的领导会失去人心，企业也会一塌糊涂。

在采访间隙，节目中播放了弗梅尔和他的球队训练的镜头，队员们在热身过程中进行拉伸，这位老牌教练在他们中间走来走去和他们聊天。他在一个队员身旁停住，我听到他问："最近你妻子怎么样？"然后与那个队员聊了一会儿。

记者问弗梅尔和球员的聊天内容，他解释说这位队员的妻子得了狼疮。他接着说自己不仅关心球员如何接球、如何应变，也会以人为本与他们交往，然后才会将他们当成橄榄球运动员。之后我曾与弗梅尔交流，他说他经常请队员到自己家里做客，从而进一步了解彼此。

我感兴趣的是，退休14年之后，弗梅尔在1997年退休复出执教圣路易斯公羊队。我记得有报道称球员质疑他的训练方法，认为他方法老套、毫无过人之处。而弗梅尔不断提醒球员们沉住气，耐心等待结果。结果1999年就是这支球队赢得了"超级碗"。

弗梅尔还会赢得另一届超级碗杯吗？这个我说不准，但我知道他找到了适合自己的方法，"慢慢穿过走廊"，使自己平易近人，与队员保持交流。正是这个原因，队员们能感受到他的关怀，因此对他充满敬意，为他奋力拼搏。

原则二

将每个人视为"满分"

我想问读者一个问题：你最喜欢的老师是谁？回顾你的求学生涯，从幼儿园到大学毕业。哪位老师令你印象深刻？哪位老师改变了你的命运？大多数人都有这样一位老师。周末学校的格伦·李瑟伍德（Glen Leatherwood）老师改变了我的命运，她是我最喜欢的老师。

这位老师为何与众不同？是因为学科知识或教学方法吗？虽然这位老师知识渊博，方法出众，但我肯定他在你心中脱颖而出的原因是对你满怀信心。这位老师认为你很优秀，那些斥责你无知和散漫的老师不会激励你学习与进步，只有认为你很优秀并鼓励你的老师才能做到这一点。

现在请回忆你的职业生涯和期间遇到的上司，在回忆他们时问自己以下几个问题：

- 我曾为谁努力奋斗？看重我的上司还是瞧不起我的上司？
- 我喜欢跟谁一起工作？看重我的上司还是瞧不起我的上司？
- 谁最平易近人？看重我的上司还是瞧不起我的上司？
- 谁会为我着想？看重我的上司还是瞧不起我的上司？
- 我会向谁学习？看重我的上司还是瞧不起我的上司？

全方位领导者关怀下属，因此会得到下属的爱戴；他们尊重并重视下属，因此下属自愿追随；他们在领导过程中态度积极向上，因此创造出积极的工作环境。团队中的每个人各司其职，目标明确，合作共赢。

对于某些领导，特别是性格开朗的领导，这个过程顺其自然，轻而易举。我发现只要像孩子一样得到鼓励和重视，那他们会出于本能帮助他人。但是每个人都可以学会这种技能，它是全方位领导者的必要条件。

如果想在这方面大放异彩，那与下属打交道时请遵循以下建议。

1. 看到他们未来的发展

威廉·司徒文多年来担任美国俄亥俄州众议员，他珍藏着1949年来自俄亥俄州佩恩斯维尔的一封信，这封信拒绝了他带一位新议员到募款晚会演讲的请求，信中说："今年我们需要一位重量级的演讲者来吸引观众，所以我们邀请了常青藤名校约翰·卡罗尔大学的首席足球教练。无论如何，还是谢谢您所推荐的约翰·肯尼迪议员。"你听说过信中提到的那个教练吗？反正我没听说过。

你身边有没有未来的肯尼迪、杰克·韦尔奇或者特蕾莎修女？在全盛期，人们很容易看到他们运筹帷幄、才华横溢，但是在此之前恐怕很少有人慧眼识珠。

发掘每个下属身上的巨大潜力，只要发现，就要尽你所能帮助他们发挥潜力。有些上司缺乏安全感，如果发现潜在的明星队员，那就会抑制这个人的发展，因为他们害怕下属的突出表现会使自己相形见绌。但是全方位领导者会深入底层，提升下属的表现。他们明白金子早晚会发光，自己最好发掘其潜力并鼓励其发展。如此一来，全方位领导能增加下属的价值，也会树立积极的领导形象。

2. 对下属充满信心

1989年，凯文·迈尔斯（Kevin Myers）从密歇根州大急流城搬到乔治亚州劳伦斯维尔，他是一个头脑灵活、前途光明的年轻领导，他的赞助商肯特伍德小区教会支持他的行动。

凯文为十字路口小教堂的第一次仪式做足了准备。他花了几个星期与社区居民进行交流，选了一个好位置，志愿者也准备就绪。但是第一次打开门时，他的希望彻底落空，因为台下只有九十多个人，仅是他预期的三分之一。凯文曾在一所充满活力的大型教堂任职，他一点都不想领导小型集会，因此他大受打击。然而他决心坚持下来，计划着一两年之后他将克服困难，建设自己理想中的教堂。

经过三年的不懈奋斗和原地踏步，凯文做好准备低头认输。他来到密歇根州拜访维恩·施密特（Wayne Schmidt），也就是他在肯特伍德的上司以及资助他建立教堂的老板。凯文认为自己一事无成，他告诉维恩自己打算找一份别的工作，因为他计划关掉乔治亚州的教堂。维恩的回答改变了凯文的人生，他说："凯文，虽然你对自己失去信心，但我认为你一定行！"

凯文仍然感到前途一片渺茫，但他对维恩的信任心怀感激，他回到乔治亚州，并没有放弃自己的教堂。后来凯文的领导力不断提升，他的会众也不断增长。我写作本书时，凯文每周的会众有3400人，这一数字跻身美国最大的100个教会行列。

如果你的下属不信任自己，那就帮助他们找回自信，就像维恩帮助凯文那样。把它当成免费的给予，但是日后下属事业有成时，一定会为你带来丰厚的回报。

3. 在下属认真工作时"逮个正着"

想要发现下属的闪光点并帮助他们找到自信，那就要通过锁定认真工作的瞬间来鼓励他们。这一点有些违反常识，我们从小到大接受的训练就是在别人做错事时逮个正着。如果家长或老师将你逮个正着,那你一定犯了错误,因此我们会陷入这种思维模式。

如果你将注意力集中于负面现象,在下属犯错误时逮个正着,那并不会提升他们的表现。如果别人犯错被你发现,他们会自我防御,也就是编造借口、试图逃避。然而,如果你看到下属努力工作,那就会增加他们的积极性,有助于激发潜力,增强上进心。

将寻找积极性列入工作日程。虽然我们喜欢表彰重大贡献,但日常小事也值得关注。只要你真心实意予以表彰,那可谓事无巨细。

4. 宽以待人

每次自省时,我们总是宽以律己。原因是我们从自身利益出发看待自己。然而另一方面,在看待别人时,我们总是根据他人的所作所为进行评判。如果我们像对待自己一样毫无偏见,宽以待人,那彼此之间的交往一定会更加密切。

很多人不愿采纳这种态度,因为他们害怕他人认为自己天真可笑并利用自己。实际上,轻信之人并不弱小,他们比多疑之人更强大。为了证明这一点,请看社会学教授莫顿·亨特(Morton Hunt)关于信任的谬论以及驳斥谬论的事实。

- 谬论:轻信之人容易上当受骗。
  事实:轻信之人受骗的可能性并不大于多疑之人。

- 谬误:相对于多疑之人,轻信之人对他人的真实感受较为迟钝。
  事实:信任他人的人更擅长解读他人。

- 谬误:自卑的人比自信的人更轻信于人。
  事实:与之相反,自尊心强的人更愿意在情感上接受挑战。

- 谬误：愚笨之人轻信，聪明之人多疑。

  事实：相对于资质平平之人，天资聪颖、学识过人的人并不多疑。

- 谬误：轻信之人依赖他人在生活中指点迷津；多疑之人依赖自己。

  事实：与之相反，被他人或外部因素控制的人更多疑，自己做主的人更轻信。

- 谬误：轻信之人和多疑之人都不可信。

  事实：多疑之人更不可信。调查结果证实了古希腊的名言"多疑之人最不可信"。

我的意思不是让你变成鸵鸟，将头埋入沙子逃避现实。只是建议你以同样的眼光看待他人和自己。这个要求并不高，它将在人际关系上为你带来丰厚的回报。

5. "满分"的定义多种多样

"满分"是什么含义呢？刚开始阅读本章内容时，我建议你将每个人看作满分，在你脑中是否有一个满分的形象呢？你是否已经开始拿你的下属和这个形象做对比，并发现他们都比不上这个形象？如果你这么想，我并不觉得意外，因为我想大部分人对于满分都有比较狭隘的看法。

想要提升自己的能力，如果以10分为满分，我认为大多数人难以突破两个单位。比如你与生俱来的能力只有4分，无论你如何努力，恐怕永远无法突破6分。但好消息是，每个人都有专长，所以满分的定义不尽相同。

马库斯·白金汉和唐纳德·克利夫顿合著了《现在，发现你的优势》一书，他们认为人们在34个领域内各具专长，包括承担责任和赢得人心等。两位作者声称每个人至少拥有一项出类拔萃的专长，也就是说每个人在某个领域内都可以达到"满分"，你可以通过关注这个领域来鼓励下属。

但是，假设你的下属既没有专长，也没有任何上升空间。那你要绝望地放弃他吗？不是，别忘了还有很多与能力无关的领域，比如态度、兴趣、纪律和耐力，有些下属可以在这些领域取得"满分"。如果你认为下属在其他领域没有潜力，那就在非能力领域内找找看。

6. 给下属满分的待遇

大多数领导者根据对下属的评价区别对待。如果下属表现平平（假设得5分），那你会以5分的态度对待他们。但我认为上司应该对所有人一视同仁，即使他们没有达到最佳水平。因为每个人活在世上都有自己的价值，理应得到尊重。这并不意味着对无所作为予以表彰，只是要你善待他人，即使他人做不到这一点，你仍要带他们走最好的路。

> 如果下属喜欢上司，那他们会努力达到上司的期望。

据我观察，如果下属喜欢上司，那他们会努力达到上司的期望。如果你和下属交情深厚，他们真正喜欢并尊重你，那他们一定会努力工作，全力以赴。

多年来我向无数领导者学到了很多有关领导力的知识，但是我最钦佩的是我的父亲，梅尔文·马克斯维尔（Melvin Maxwell）。2004年12月，我到奥兰多地区看望父母，在此期间我要参加一次电话会议，需要一个安静的场所，因此我的父亲很痛快地将办公室借给我用。

坐在他的办公桌前，我发现父亲在电话旁的一张小卡片上写了下面几句话：

1. 通过鼓励予以信心；
2. 通过赞许予以信任；
3. 通过感恩予以认可。

我瞬间就明白了父亲这样做的原因，他想通过这张卡片提醒自己怎样与员工通话。这张卡片也提醒我，父亲是最好的导师，他教会了我将每个人当作满分来看待。

从现在开始，在看待和领导下属时要考虑到他们未来的模样，而不是目前的状态，你会对他们的反应大吃一惊。这不仅有助于改善你们的关系、提升员工的绩效，你还可以帮助员工发挥潜力，实现他们的梦想。

原则三

培养每个团队成员

杰克·韦尔奇在担任通用电气企业首席执行官时小有名气，因为他每年都会开除排名倒数10%的员工。很多批评者横加指责，但是他采取这种做法的目的很明显，他并不是严酷无情，而是致力于提升企业的水平。

开除表现差劲的员工是推动企业进步的一种方法，另一种方法则是从其他企业挖来优秀员工。很多领导者认识到这两种方法并非企业进步的妙方。几年前我曾在《今日美国》杂志上读过一篇文章，它指出领导者逐渐意识到非流动性员工的重要性，他们既不是明星，也不是废物。这篇文章将他们称为"B级员工"，文章提到：

> 企业的领导要么忙着开除倒数10%的员工，要么忙于人才争夺战，挖到A级员工；但是有些领导逐渐意识到企业的成败与最突出和最差劲的员工无关，而是系于非流动性员工，也就是B级员工……他们占员工总数的75%，但一直被人忽略。

文章中继续说道，中层员工是每个企业的中流砥柱，应该得到重视，我对这种观点深表赞同。但我认为领导者应该进一步理解这个概念，你怎样提升企业的竞争力，帮助B级员工达到最佳状态，帮助A级员工百尺竿头更进一步？答案就是不断培养他们。

杰出的领导力不仅仅在于完成任务，完成任务说明你是成功者，通过帮助他人完成任务说明你是领导者，但最高层次是一方面培养下属，另一方面帮助他们完成任务，如此你便成为出类拔萃的领导者。培养下属能提高他们的水平，改善工作质量，你和企业也能从中获益，因此会形成共赢的局面。最终结果如何呢？你会成为增加下属价值的领导者，因此他们会主动向你寻求帮助并自愿追随你的领导。

怎样培养下属

在提出怎样培养下属的建议之前，我想强调培训下属和培养下属之间的区别。培训就是教下属怎样完成工作。比如你教某个员工怎样使用机器或其他设备，这是培训；如果教下属怎样进行销售，这也是培训；如果为下属讲解部门程序，这还是培训。应该对下属进行培训，从而帮助他们熟悉业务。培训来自于领导者（虽然并非所有领导者都精于此道）。

培养可不一样，培养下属就是帮助他们提升个人能力。你要帮助他们提升个人素质，从而在生活的方方面面受益，而不仅仅在工作中。你帮助下属遵守纪律并端正态度，这是培养；你教导下属高效管理时间、提升人际技能，这也是培养；你为下属提升领导能力，这也是培养。但我发现很多领导者不具备培养下属的意识，他们希望下属自行管理自身发展需要。但是这些领导忽略了一点，那就是培养下属能提升其整体素质，使他迈上新台阶，因此其回报远远高于培训。

> 培训就是教下属怎样完成工作，培养就是帮助他们提升个人能力。

培养的难度大于培训，但你的付出将得到丰厚的回报。你可以从以下几方面入手。

1. 培养下属是长期过程

培训是一个非常迅速和直接的过程。大多数人很快就能学会工作中运用的技术，不同的工作可能需要几小时、几天或几个月。但是培养下属则是持久战，原因是需要下属做出改变，但你不能急于求成。俗话说得好，"怀胎十月，方能产子"。你想要培养下属素质时，就要将它看作持续不断的事情，不可一劳永逸。在圣地亚哥地区领导天际教堂时，我将培养员工列为头等大事之一。我对部分员工进行了一对一的辅导，但我也安排好时间，每月一次对所有员工进行辅导，内容就是怎样成长为领导者。这项事业我坚持了10年。

> 你无法将自己不具备的才能传授给他人，为了培养下属，你必须不断进步。

我建议你制订计划，培养你的下属，将它当成持续不断的规律性活动。你可以要求下属每个月读一至两本书并集体讨论，也可以为他们讲课，或者带他们参加企业会议或研讨会，总之要别具一格。但是要记住，你无法将不具备的才能传授给他人，为了培训下属，你也必须不断进步。

2. 明确下属的梦想和渴望

培训员工时，你的出发点是企业或自己的需要，你教给员工你想让他们知道的事情，从而让员工为你工作。然而另一方面，培养员工的出发点则是员工的需求，上司要满足员工的需求，从而提升员工素质。想要做好这一点，你需要明确下属的梦想和渴望。

> 如果忽略一个人的梦想，那就忽略了他的动力源泉。
>
> ——沃尔特·李普曼

《新共和》杂志的创始人沃尔特·李普曼（Walter Lippmann）说："如果忽略一个人的梦想，那就等于忽略了他的动力源泉。"下属的梦想能为他们带来动力，如果他们对梦想满怀热情，那就拥有无限动力。如果你了解他们的梦想，并通过对他们的培养使梦想触手可及，那你不仅能利用这种能量，还能为它"火上浇油"。

不幸的是，有些领导者看不惯他人追求梦想，因为这使他们想起自己离梦想遥遥无期。因此，这类领导者努力说服人们放弃梦想，所用的借口和解释正是自我安慰的那一套。

如果你发现自己仇视他人的梦想，试图说服他们放弃，那你需要重燃梦想之火，再度追求梦想。一个不断学习、进步和追求梦想的领导者更有可能帮助他人追求梦想。

3. 领导方法因人而异

刚成为领导不久的人常犯的错误就是以同样的方式领导每个人。但是我们要面对现实，面对同一种领导方式，每个人的反应各不相同。你应该对每个下属心平气和，善待并尊重他们，但是不要对每个人应用相同的策略和方法。

> 想成为全方位领导,不要指望下属适应你的领导方式,你要负起责任,根据下属的需要调整自己的领导方式。

对于团队中的每个人,考虑好对谁应该用何种领导力模式。有些人想在暴风雨中历练,有的想在温室中成长;有的人需要现成的计划,有的人喜欢自己制订计划;有的人需要持续频繁地跟进任务,有的人则需要呼吸的空间。想成为全方位领导,不要指望下属适应你的领导方式,你要负起责任,根据下属的需要调整自己的领导方式。

4. 通过企业目标促进个人发展

如果你在领导模式中为了培养下属而完全背离实际工作,那你将会筋疲力尽,垂头丧气。为了避免这种情况,你要尽可能用企业目标促进员工的个人发展,这正是最好的办法。

- 不利于员工,不利于企业——共同损失
- 有利于员工,不利于企业——企业的损失
- 不利于员工,有利于企业——员工的损失
- 有利于员工,有利于企业——皆大欢喜

也许这种分析过于简单,但请注意一点,只有出现对企业和员工都有利的情况才能避免损失,这正是长期成功的秘方。

取得这种成功需要具备以下三个条件。

- 目标:找到为企业增值的需求或功能

・优势：在团队中找到具备某种优势的下属，这种优势有待开发，有助于实现企业的目标

・机遇：为下属提供实现目标所必需的时间、资金和资源

5. 帮助下属了解自己

我始终认为人们对自身缺乏了解。一个人不清楚自己的职位，就无法了解自己的潜能。换句话说，先要认清自己的处境，然后才能规划怎样实现目标。

> 一个人不清楚自己的职位，就无法了解自己的潜能。

马克斯·帝普雷（Max Depree）说："领导者的首要责任就是认清现实。我认为领导者想要培养下属，就要将帮助下属认清自我当成第一要务。领导者应该帮助下属认识到自身的优势和劣势，这一点至关重要。"

6. 做好说真话的准备

没有困难就没有进步。在逆境中保持积极心态才能不断成长，你面临的困难越多，就需要付出越多的努力来取得进步。这个过程非常痛苦，但是成长总要付出代价。

优秀的领导愿意对下属说实话，从而推动他们成长。朋友给我讲过一个美国退役军官的故事。这位军官在《财富》500强的企业工作，每当公司挑选并提拔有领导潜力的员工时，他都会落选，他也不知道原因。他表现不错，态度积极，经验丰富，但是哪里出了问题呢？

原来这个军官有一些怪癖，让他身边的人感觉不舒服。他面对

压力会喃喃自语，焦虑时会坐在自己的手上。他对这些怪癖毫无意识，也没有人告诉他这些怪癖会打扰他人，影响工作，仅仅因为他行为古怪，人们将他淘汰下去。

幸运的是，他遇到了一位愿意说实话的领导。这位领导使他认清问题所在并改掉陋习，现在他已经成为这家企业的高管了。

如果你不愿讲真话，那就扪心自问，讲真话会伤害他人还是伤害自己？如果害怕伤害自己，那就是自私自利。杰出的领导者能够为了下属和企业的利益克服讲真话的尴尬。你要记住，只要下属相信你愿意合作，那他们一定会解决困难。

7. 适当庆祝胜利

培育下属的领导总是致力于帮助下属赢得胜利，尤其是在初始阶段，但是战略性胜利有更大的价值。根据下属的成长目的和成长方式来设定目标，这样就能为他们提供额外的刺激和鼓励，从而追求有利于自身进步的目标。

单纯的经验并不足以充当导师，
经过评估的经验才可以。

你怎样准备这些胜利至关重要。一场漂亮的胜仗不仅赢得漂亮，其方法也要适当。假设你的下属在活动中方法有误，但歪打正着取得成果，如果你为他庆祝，那就为他将来的失败埋下伏笔。单纯的经验并不足以充当导师，经过评估的经验才可以。作为领导者，你要评估表面的胜利，从而确保这些胜利能够指导下属不断进步与发展。

8. 帮助下属准备好发挥领导力

在企业的背景下，缺乏领导力这一环节的发展进程并不完善。

你的下属越擅长领导，他们对企业的潜在影响和贡献就越大。但是这并不仅仅意味着传授领导学课程或要求下属阅读这类书籍，还要带他们身临其境，使他们做好准备参与进来发挥领导力。

据我所知最好的办法就是在职培训，下属可以并肩作战。假设你是我的下属，我要为你培训领导力，那我会按照以下顺序。

我来完成。整个过程的起点是我知道怎样完成任务，否则我无法传授给你。

我来完成，你来观察。我掌握整个进程后会邀请你加入进来并观察，我会向你解释我的工作，鼓励你提出问题，我想让你看到并理解我所从事的一切。

你来完成，我来观察。通过观察学到的东西有限，学到某个程度后你要加入进来亲身实践。你到达这个阶段并独挑大梁时，我只需要对你进行必要的鼓励、纠正和指导。

你来完成。只要你打牢基础，我就退出，给你足够的空间来掌握这项技能并开发自己的套路和方法。

你来完成，他人观察。在对你的培养过程中，我的最后一项任务就是为你找到有待培养的下属，鼓励你开始发挥领导力。只有将技能传授给别人你才能彻底掌握；另外，你把从别人身上学到的东西传递下去，整个过程才得以圆满。

> 只有将技能传授给别人你才能彻底掌握。

如果你致力于培养下属并付出长期努力，那你会发现下属和你的关系发生变化。下属知道你为他们的利益着想并体现在行动中，因此对你忠心耿耿。你培养他们的时间越长，他们追随你的时间就

越长。

记住这一点，不要严格限制下属的发展，有时最明智的做法就是任下属展翅高飞。但是如果你在培养过程中付出努力，并帮助下属将学到的技能传递下去，那其他人将会填补下属的位置。如果你不断培养下属，那永远不乏领导者来建设企业并与你共担重任。

原则四

发挥下属的优势

大多数领导者都认同这一点，招募合适的队员并将他们安排在合适岗位上至关重要。但是这一点究竟有多少影响呢？其影响是大是小？这也是盖洛普公司为《现在，发现你的优势》一书进行研究时问自己的问题。这本书的作者得出如下结论。

在最新的综合分析中，盖洛普企业向36家企业、1939个业务部门中的198000名员工提出这个问题：你在日常工作中有没有机会发挥自己的优势？我们将得到的答案和不同部门的业绩进行比对，得出如下结论：如果员工回答"非常赞同"，那他来自员工流动率较低部门的可能性会高出50%，来自生产率较高部门的可能性高出38%，来自客户满意度较高部门的可能性高出44%。

这种差异非常显著。你认为多少员工在自己的专长领域内工作呢？本书多位作者给出的答案只有20%。

人们不喜欢自身工作的首要原因是脱离了自己的专长。如果要求下属在弱势领域工作，他们就会士气低落，效率低下并最终筋疲力尽。这是谁的错？通常领导者难辞其咎。

> 人们不喜欢自身工作的首要原因是脱离了自己的专长。

成功者会发现自己的优势领域，成功的领导者会发现下属的优势领域。个人只会到特定企业求职，但是通常无法选择自己的职务，多半由领导者来安排职务。

如果你将下属安排到优势领域，那有可能出现以下几种情况。首先，你能改善下属的生活状况。我在前几章中提到下属的私人生活会影响到方方面面，包括工作在内；反之亦然，他们的工作也能影响到生活的方方面面。如果你将下属安排到优势领域，那他们会颇具收获，心满意得。这就是为什么有人讨厌工作，而有人喜欢工作。另外一个结果就是，你不仅能帮助组织，还能帮助自己。

> 成功者会发现自己的优势领域，成功的领导者会发现下属的优势领域。

把下属分配到他们所擅长的领域

帮助下属在职业生涯中找到最适合的职位，这既是一种强大的能力，也是一项重大的责任。领导者不应漫不经心，需要考虑每个下属的情况，争取为每个人做到以下各项。

1. 发掘其真正的优势

很多人并不了解自己的优势，他们经常淹没在日常工作中，终日忙忙碌碌。他们很少探索自己的优势，也不反思成功和失败。因此如果上司真正关心他们，帮助他们发掘自己的优势，那对他们来说可谓无价之宝。

在自我发现的过程中，你可以运用很多有利工具来帮助他人。

我提到过马库斯·白金汉和唐纳德·克里夫顿的作品，也就是《现在，发现你的优势》一书，他们官网上有一些优势开发材料，还有DISC或者迈尔斯·布里格斯指标等性格测试以及多种职业测试，这些都很有帮助。只要适合你的工作环境，你都可以留为己用。但是不要仅限于测试，通常情况下，最具价值的帮助往往以个人观察为基础。

2. 为下属分配适合他们的工作

将下属从他们讨厌的岗位调动到适合他们岗位上能够改变他们生活。我曾访问过一个经理，他说为了找到最适合的岗位，他曾四次为一个员工更换岗位。由于多次安排错误，他几乎对她失去信心。但他知道这个员工潜力无穷，非常适合这个企业。最终，这位经理为她找到了合适的岗位，她果然大放异彩。

这位经理知道为每个员工安排合适的工作岗位至关重要，因此他每年都会问员工："如果你可以自由选择工作，你会怎样选择呢？"通过员工的回答，他可以了解到工作分配是否得当。

为下属分配适合的岗位能节省很多时间和精力。但是实际情况是，领导者图省事随意为下属安排工作并要求他们适应岗位，这种办法轻而易举。这种情况再次说明领导者要不断挑战自己。你必须对抗自己的惯性，不要贸然做出决定并采取行动。如果下属没有像你设想的那样大放异彩，那就不要害怕为下属调整岗位。

3. 明确下属需要的技能，提供一流的培训

每种工作都要求员工掌握特定的技能，从而取得真正的成功。即使一个人优势突出，适应力强，如果他掌握不了这些技能，那也无法在优势领域内游刃有余。作为领导者，你的职责就是确保下属学到成功所必需的技能。

最重要的两个问题是：

- 我采取了哪些措施促进个人发展？
- 我采取了哪些措施培养下属？

第一个问题决定着你的个人潜力和领导能力，第二个问题决定着团队的潜力。如果团队止步不前，那未来也不会比今日有所改观。

《团队合作17原则》中提到："每个队员都有最适合自己的位置，在这里他们将产生最大的价值。"最佳位置决定下属的最佳角色，这一点至关重要。如果领导者找到最佳位置，那他领导的团队一定会表现出色，如此也会为领导者增光添彩。毫不夸张地说，领导者取得成功的决定性因素就是充分发挥下属的优势。

每个队员都有最适合自己的位置，在这里他们将产生最大的价值。

我在高中时有幸遇到一位明白这个道理的教练，在一次大学代表队篮球训练中，教练唐·奈夫（Don Neff）决定教给我们一个重要的道理，他让第一阵容和第二阵容的球员在球场上对抗。第二阵容有几个种子选手，但第一阵容优势明显。这次教练让我们打破常规，他让第二阵容的球员待在原来的位置，但是让我们第一阵容的队员改变固有的位置，我一直担任得分后卫，但这次教练安排我打中锋，我记得原来的中锋变成了控球后卫。

比赛时间设定为20分钟，但这场比赛很快结束，第二阵容很快将我们打得落花流水。奈夫教练把我们叫到场边说道："球场上只有最佳球员还不够，还要将最佳球员安排到最合适的位置上。"

> 球场上只有最佳球员还不够,还要将最佳球员安排到最合适的位置上。
>
> ——唐·奈夫

我一直没有忘记这堂课。在三十多年的领导生涯中,我将它应用到篮球之外的多个领域。不管你领导着什么类型的团队,如果你不将团队成员安排在优势领域,那团队成员和你都难以取得胜利。

原则五

以身作则

我最喜欢的领导学书籍是弗雷德·史密斯（Fred Smith）的《如何开发领导潜能》。我清晰地记得第一次读这本书时正在返回圣地亚哥的飞机上，我对它印象深刻是因为当我读到"领导力的具体化"时，我拿出一张白纸开始头脑风暴。在这本书中弗雷德提出，如果领导者的身份和行动一致，那他会不断取得成果；如果相互背离，那他将一事无成。

我在白纸上列了三栏，左上角是"我的性格"，我想写下自己作为领导者曾渴求过的品质；中间一栏顶端是"我的行动"，也就是与每种性格特征相匹配的行动；第三栏包括一致的性格和行动带来的成果。

我的性格	我的行动	结果
品格端正	正确	信誉
亲切感	关怀	团体
鼓励者	信任他人	士气高涨
远见卓识	设定目标	方向
虚心	学习	进步
鼓舞人心	激励	行动
无私	关注他人	伸出援手
信心	制定决策	安全感

这样一个列表令我大开眼界，因为达不到预期目标时，我们总是倾向于怨天尤人。

领导者的作用

一致性能为个人生活注入动力，也能为领导力注入动力。领导者为一切下属设立基调和节奏，因此应该以身作则。下面我将具体解释。

领导者应该以身作则。

行为决定文化

在体育活动中文化氛围非常明显，比如美国橄榄球联盟奥克兰突袭者，多年来他们一直为坏小子形象倍感自豪。球队老板艾尔·戴维斯是一个叛逆者，球员都很彪悍，甚至连球迷也一样。在比赛中，只要看看球场里被他们称为"黑洞"的区域就明白了。你的文化决定了你会吸引什么人。那个球队数十年的表现已经营造了自己的文化。

还有美国橄榄球联盟的达拉斯牛仔队。曾经有很长一段时间，这支球队屡战屡胜，甚至有几年人们将其称为"美国国家队"。汤姆·兰德利是当时的教练，他帮助球队营造了这种文化。兰德利离开后，球队教练和球员的行为开始发生变化，文化也随之改变。后来只有本地人偶尔将牛仔队称为"国家队"，其他人再也不会这么叫了。

如果你想为企业文化渗透某种价值观，首先要扪心自问这种价值在你身上体现出来，然后观察它能否体现在企业员工的行动中。改变企业文化的唯一途径就是改变自己的行为。

态度决定氛围

你有过半瓶水心态的上司吗？不管环境如何，前景总是一片灰暗。他们与积极乐观的上司简直是天壤之别。乐天派不一定得天独厚，但他们能充分利用一切有利的条件。

领导者的态度就像企业里的恒温器，如果他态度积极，那工作氛围就令人愉悦，员工在这种环境中得心应手；但是如果领导者态度消极，那温度就令人难以忍受，没人能受得了炙热或冰冷的环境。

价值观决定决策

沃尔特·迪士尼的哥哥兼合作伙伴罗伊·迪士尼说："如果清楚自己的价值观，那就不难制定决策。"我很赞同这句话，另外，如果你基于价值观制定决策，那坚持这一决策也不难。与价值观相悖的决策寿命短暂。

> 与价值观相悖的决策寿命短暂。

你的价值观会体现在下属的决策中。如果你重视捷径，那下属在制定决策时就会偏重速度而不是质量；如果你对他人的感受漠不关心，那下属做出决定时也不会将他人考虑在内；如果你对欺诈怀有一丝容忍，那下属中一定有人认为违背原则和诚信做出决策无关紧要。

投资决定回报

就像在金融界,想从别人那里得到回报就必须为其投资,问题是我们总是关注收获而忽视投资。

> 比培训下属然后人才流失更糟糕的是什么?那就是没有任何培训还要拴住下属。

我已经讲述了培育和培训下属的重要性,在此无须赘言。只有一点,比培训下属然后人才流失更糟糕的是什么?不对他们培训,却还要留住他们。

品格决定信誉

下属信任你吗?他们相信你为他们的利益着想吗?你介绍新创意时他们会怀疑你的目的并权衡你的动机吗?这些问题的答案源于你的品格。

信誉不可授予,也不是领导职位的附赠。信誉只能赢得,而且往往经过考验才能凸显,面对考验是成是败由自身性格决定。这一点非常困难。在学校里60分就能及格,如果学校要求严格,那70分也能通过。但涉及信誉,只有满分才能通过。如果人们无法始终信任你,那他们就会认为你难以信赖。

职业道德决定绩效

有个暴躁的苏格兰老人,他总是埋头苦干,他希望手下的工人像他一样。而他的工人取笑他说:"斯科蒂,你没听说过罗马不是一天建成的吗?"

"我知道啊,"他回答,"但我又不是建造罗马的工头。"

领导者决定着工作节奏,这一点与绩效密切相关。如果员工工作松懈，那看到上司认真工作就会心怀愧疚，上进心强的员工会燃起斗志，跟上步伐。

托马斯·杰弗逊说："如果我们持续工作，那成果一定令人喜出望外。"如果想让下属持续工作，那你最好也做到这一点。

成长决定潜力

我教授的领导力课程中有个法则叫"瓶盖法则"：领导力决定着一个人的能力。如果你的领导力为5分（在1至10分的范围内），那你的能力不会超过5分。领导力就是个人成就的上限。

下属也是这种情况。如果你自身的领导力无法持续提升，那你就会限制下属的潜力。为什么呢？因为你传授自己的知识，复制你自己的样子，你无法将自己不具备的东西赠予他人。想要提升团队的潜力，那你必须不断进步。

我最喜欢的领导力范例就是古代以色列王大卫的故事。很多人对大卫和歌利亚的故事耳熟能详。在希伯来人和腓力斯丁人的战争中，巨人战士歌利亚挑战每一个人，胜者为王，败者臣服。以色列的扫罗王吓得躲在帐篷里，他的军队也不敢应战。大卫当时还是个小牧童，他的哥哥们胆小怕事，但大卫挺身而出挑战歌利亚，并在决斗中打败了他。

很多人都知道在《圣经》中大卫成了国王。但很少有人知道，在登上王位之前，大卫招募了很多勇士并将他们训练为私人军队。这些勇士变得和大卫一样，还有一些人成了巨人杀手。

虽然现在，我们的结局不会像大卫的故事那么轰轰烈烈，但下属确实与上司越变越像。他们接纳上司的价值观，采用上司的工作方法，甚至模仿上司的癖好和习惯。因此，在批评下属之前我们先要反省自己的行为。如果你看不惯下属的所作所为，那就先自我反省。

原则六

传递愿景

假设你是一位优秀的全方位领导者，在向下领导时颇有成效；你以身作则，与下属关系不错，鼓励并培训下属，你正在培养下属而且打算坚持下去。然后呢？你下功夫打造了优良的武器并装上弹药，接下来怎么做？你要瞄准目标，扣动扳机。在领导学中，这就意味着传递愿景。

> 虽然中层领导无法制定愿景，但他们负责传递愿景。

如果身在高层，那你传递的就是自己的愿景。如果身在中层，那你传递的愿景主要来自他人。中层领导是愿景传递过程中的关键一环。愿景可能由高层领导设立，但是中层领导与他们关系密切，没有中层领导的全身心投入，那愿景很难到达基层。虽然中层领导无法制定愿景，但他们负责传递愿景。

那全方位领导应该怎样传递愿景，从而激励下属朝着正确的方向努力呢？如果囊括下面的7个要素，你就能朝着目标更进一步。

1. 清晰

我在圣地亚哥时经常观看教士队棒球比赛,我的位子不错,就在教练区后面。那时这支球队表现平平,公司需要大量的宣传、比赛和促销活动来吸引球迷,其中一项是在两轮比赛之间举办球迷游戏,在球场的巨幕上展示球员的照片。但是他们不会一次性张贴整幅照片,而是分成12小块,每次张贴一小块,直到将整幅照片呈现出来。

在准备传递愿景时,你要问问自己:"我想让他们知道什么,让他们怎样行动?"

这个办法很吸引人,但我真正感兴趣的是观众的反应。你可以通过观众反应的声音来判断他们有没有猜出哪个球员。刚开始只能预测,但你能猜到观众基本猜不出来,因为照片过于零碎;然后你会听到低声细语,反应快的人会发出这种声音;接下来越来越多人猜到照片是谁,议论声变大;然后突然之间噪声四起,这时体育场里的大多数观众都猜到了答案。

愿景的传递也非常相似。如果愿景不清晰,那人们就会不明所以,难以猜测,你必须将所有板块拼在一起才能帮助人们"猜中"愿景。在准备传递愿景时,你要问问自己:"我想让他们知道什么,让他们怎样行动?"只要你明确问题的答案,那就保持沟通,填补空白,直到感觉到大多数而不仅仅是反应快的下属明确你的愿景。

2. 贯通过去、现在与将来

我注意到大多数传递愿景的人只关注未来,在某种程度上这一点情有可原,毕竟愿景的本质就集中于未来,但是如果领导者在传递愿景时忽视了与过去和现在的联系，那他还是会错失机遇。

只谈过去不会给未来带来希望，因此你一定不愿在此流连。但是如果忽略过去，那就无法将员工和企业的历史联系起来。如果重视过去，尊重为你今日的成就打下基础的人，那你就认可了他们为这些成绩做出的努力和牺牲，也能为刚加入进来的新成员增强安全感，让他们意识到自己是团队的一分子。

如果人们回忆过去，那他们会更加注重追求未来。只要将过去、现在和未来统一起来，你就能在传递愿景时得到动力和连续性。

3. 目的

> 愿景告诉人们往何处去，目的则说明为何前往。

愿景告诉人们往何处去，目的则说明为何前往。目的不仅帮助人们认识到行动的意义，还能使他们紧盯目标。它帮助人们在遭遇障碍或经历其他困难时做出调整，随机应变并锐意创新。

4. 目标

在《领导学》一书中，美国历史学家和政治学家詹姆斯·麦格雷戈·伯恩斯（James MacGregor Burns）写道："领导者促使追随者为特定的目标采取行动，这些目标能体现出领导者和追随者的价值观和动机、需求和需要、抱负和预期，这就是领导。"没有目标和实现目标的策略，愿景就无法衡量，难以实现。

多年来我见过很多领导者空怀远大目标，但对于怎样实现目标一无所知。希望不是办法，只有将过程展示给下属，他们才会意识到愿景真实可靠，从而增强对领导者和愿景的信心。

5. 挑战

你将愿景现实化并不代表着实现愿景轻而易举。实际上，如果在追求愿景的过程中无须竭尽全力，那人们会怀疑付出的努力是否值得。

有些领导者害怕为团队带来挑战，但是挑战促使优秀的队员展翅高飞。面对挑战，竭诚奉献的人热情饱满，心不在焉的人如坐针毡。如果要求下属竭尽全力，那你就能看清他们的特点。

6. 故事

想让下属面对挑战性的愿景，那就将故事包含在内，故事使愿景变得亲切而温暖。回忆为公司进步做出贡献的人，宣传他们的努力和成功，表彰他们的贡献，使其私人化。做到这一点，如果普通人扪心自问"我应该参与其中吗？""我能成为一分子吗？""我能做出贡献吗？"那他们就能对愿景和过程一目了然。故事使他们认识到虽然竭尽全力才能实现愿景，但是不会超出自己的能力范围。

7. 热情

愿景拼图的最后一块是热情，缺乏热情，愿景就无法传递，只能变成美丽的海市蜃楼。谁愿意努力拼搏、克服困难并完成分外工作呢？热情的一大优点就是富有感染力，如果你热情十足，那就能燃起下属的斗志，有这份斗志他们才会不懈奋斗。

"主人翁精神"和成功密切相关，没有前者就不会成功，全方

> 缺乏热情，愿景就无法传递。

位领导者能够培养下属的主人翁精神，他们讲愿景从"我的"变成"我们的"。在我接触到的所有下属中，最擅长传递愿景的就是丹·瑞蓝。在天际教堂时，他担任我的执行牧师，他擅长为下属

传递愿景，而且最吸引我的是他为集会中的新人传递愿景。

十多年来，丹在这里领导着一个名为合资企业（Joint Venture）的团体，其成员多为年轻的白领夫妻，来到这里的每个人都是企业中积极进取的领导者。我在天际教堂工作的最后5年内，每个新上任的董事会成员都彰显了丹的领导成果。

每年圣诞节，丹都会邀请我到合资企业举办的大型圣诞聚会上发表演讲。这一聚会向来是一流的，举办地点通常设在豪华的酒店或会议中心，食品精美，嘉宾穿着考究——女士穿晚礼服，男士着燕尾服。他们是我首批传递新年愿景的人，这已经形成传统。

我这样做的原因有两个，首先，这个团队中有很多颇具影响力的人；其次，他们能够理解我传达的信息，与我保持同步。因为他们就像领导者丹一样，丹在一年中其余的51个星期内会不断地把我的愿景传递给他们。如果少了丹这样优秀的中层领导，那教堂不会取得如此迅速的进步。

有人说船越大越难转向。对船来说可能确实如此，但企业就不一样了，企业是由细微的部分组成的大型整体。如果每个中层领导都能成为全方位领导，擅长将愿景传递给自己的下属，那即使大型企业也能很快转向。关键不在于企业规模，而在于领导者的能力。

原则七

根据结果进行奖励

有个人在平静的湖面上划着小船享受下午的时光,他边钓鱼边用力咀嚼着一根巧克力棒。天气风和日丽,他关掉手机,大脑里唯一的念头就是自己有多快乐。

就在这时,他发现水里有一条蛇,嘴里衔着一只青蛙。他为青蛙感到难过,于是用抄网将蛇捞起,将青蛙救出了蛇口,将青蛙扔到安全的水域;但他又为蛇感到难过,他掰下一段巧克力棒喂蛇,将它放回水中,任它越游越远。

他心想:"青蛙高兴了,蛇高兴了,我也高兴了,这样真好。"他将钓线放回水中并继续仰坐着。

几分钟之后,他听到船边有撞击声,回头一看,又是那条蛇,这次它嘴里衔着两只青蛙!

这则故事的寓意是:要谨慎奖励某种行为,因为一旦做出了奖励就代表认同这种行为。

只要得到奖赏,某种行为一定会重复下去。

我认为领导者对此深有同感,不管某种行为是好是坏,只要得到奖赏,它就一定会重复下去,因此按照正确的方式对成绩予以褒

奖非常重要。如果你运用职权范围内的一切资源奖赏你的下属，那你不仅会激励他们为公司采取正确的行动，也会促使他们更加努力，对自己从事的工作更有成就感。对成绩进行褒奖能使你成为更干练、更具影响力的全方位领导。

想要有效地对成绩进行褒奖，请遵循以下原则。

1. 当众及私下表扬下属

对他人的褒奖始于表扬，表扬永远都不嫌多。EQUIP组织的欧洲协调者比尔·霍斯比（Bill Hornsby)说："下属的光芒超越你并不要紧，如果他们足够耀眼，那也会将你照亮。"

在《与人共赢的25种方法》一书中，帕罗特和我提到了当众表扬他人的重要性。听到表扬的"听众"越多，表扬就越有价值。但是我建议在公开表扬下属之前先私下表扬他们。这一点使你的表扬顺理成章，下属不会认为你为了利用他们故意说好话。另外，私下得到表扬时，大多数人希望别人能听到。先私下表扬后公开表扬能起到双重作用，因为它能满足被表扬者渴望他人听到的愿望。

> 下属的光芒超越你并不要紧，如果他们足够耀眼，那也会将你照亮。
> ——比尔·霍斯比

2. 不仅仅是表扬

我鼓励你表扬下属，但是只有表扬是不够的。

- 如果只表扬而不加薪，那下属会心有不甘。
- 如果只加薪而不表扬，那下属会心怀不满。

口头表扬十分廉价，除非你将它落实到薪酬上。杰出的领导者会悉心照料下属。如果仔细思考，你会发现公司最大的成本并不在于薪酬最高的人，而在于表现达不到薪资要求的人。

如果人们得到的薪酬低于他们做出的贡献，那他们就会垂头丧气。如果这种情况出现在你的下属之中，那它不仅会造成下属偷工减料，也会降低你的领导水平。我曾采访过一个领导者，他曾被调任到美国西北部，管理一个走下坡路的部门。在9个月的时间里，他将这个部门的影响力翻了一番。

当他进行年度回顾时，他的突出表现完全被人忽略，那个部门的职工只能整体加薪5%。他难以接受这一决定，因为他和其他部门领导得到的奖励相同，但其他部门中并未做出任何重大贡献。更扫兴的是，由于他到那个部门未满一年，按照比例，他只能得到3.75%的加薪。这种感觉就如同被浇了一盆冷水。

3. 对每个人区别对待

这就引出了我的下一个观点。想成为高效能的领导者，那就不能一视同仁。这为大多数领导者带来了巨大的压力，只有公司的高层领导愿意一视同仁，他们说自己希望事事"公平"。但是如果某人的贡献是同事的两倍；或者他是团队的支柱，而同事总是需要他扶持，但是他和同事的薪酬相同，那这样算得上公平吗？我不会认同。米克·德莱尼（Mick Delaney）说："如果游手好闲的人和干劲十足的人在一个行业里报酬相同，那前者的人数早晚会超过后者。"

> 如果游手好闲的人和干劲十足的人在一个行业里报酬相同，那前者的人数早晚会超过后者。
>
> ——米克·德莱尼

那你怎样在顶住压力争取公平的同时论功行赏呢？表扬付出的努力，但是奖赏取得的成绩。由于奖赏就等于认同，如果你不断表扬每个人的辛勤工作，那人们就会再接再厉。如果他们在优势领域内发愤图强，那最终会取得优异的成绩，到这时再为他们加薪。

4. 给予金钱以外的福利

实际上，中层领导为下属加薪的权力有限。那全方位领导者怎样解决这个问题呢？那就是通过优待下属进行奖励。如果你将自己的专有停车位给某个下属使用一周或一个月，那受到优待的下属有何感想？你可以将自己的一些特权分享给下属，不管是停车位、某个活动的免费入场券还是办公套间。

你也可以将人脉作为财富与下属分享，可靠的上司才能做到这一点。如果你将自己的朋友、熟人和专业人士介绍给下属，而且他们对下属感兴趣，有帮助，那下属就会感受到这种奖励并心怀感激。

最后，虽然这一点有些奇怪，但我建议你在适当条件下将优待和表彰扩展至员工的家人。尤其在危机之后，家属做出了巨大的牺牲才促使员工完成工作。我采访过的一位领导者讲过一个故事，说明他对家属的表彰收效明显。他说公司的照明系统在完成生产任务两周之前遭遇故障，为了保证绩效，整个系统必须在一周之内得到更换，他负责监督这项工作。更糟糕的是，故障发生在12月，圣诞节即将来临。

他在安装前一周开始准备，电工来到工厂开始工作后，他一直陪着电工。他知道如果自己在员工工作期间回家，那就会耽误进度。那个星期他的工作时间超过100小时，每顿饭都在工厂吃，而且连续一周没有看到自己的孩子。

他终于完成任务，次日汇报工作。上司为他准备了一个惊喜，上司知道他一周没见到5岁的儿子，于是安排他儿子参加那天早晨一个重要的员工会议，大人开会期间，小男孩就坐在他父亲腿上画画。后来这位领导告诉我:"奖金很棒,礼物很棒,但在那一刻,上司感谢我为工作而牺牲家庭,这比一切都重要!"

5. 条件成熟时提拔下属

假设其他一切条件相同,你要在提拔下属和招募新人之间做出选择,那就从公司内部提拔下属。晋升是对下属最大的奖赏。晋升就意味着"你工作出色,我们相信你能做得更好,这是对你突出表现的嘉奖"。最佳晋升无须解释,同事们都会见证他的成长过程。

6. 记得"种瓜得瓜,种豆得豆"的道理

不久前我邀请一位年轻的领导参加座谈会,与会者都是本地区大型教堂的领导者。这类论坛使大家获益匪浅,因为层级相似的领导者可以讨论难题,分享信息并相互学习。在讨论中,领导者们一度谈到员工和预算。他们绕着圆桌走来走去,分享各自花在员工身上的预算。轮到这位年轻领导发言时,他很快改变话题。

后来跟他交流时他告诉我,就在其他领导者讨论这个问题时,他意识到自己付给员工的工资过低,因为占预算的百分比最低。会后他回来与教堂董事会商议,彻底改变工资标准。他说如今教堂拥有最佳员工阵容,没有枉费当年的投资。他不想因薪酬问题而丧失宝贵的队员。

没有丰厚的薪酬,领导者可能招到下属,偶尔也能留住几个优秀的队员。但是长期而言,工资决定表现。如果你想吸引并留住人才,那就要给他们相应的薪酬。否则,最后你的下属只愿意付出与薪酬相当的努力。

小时候在科技课上玩过天平吗?就是法庭上的正义女神手上拿的那种一边放秤砣一边放物品的天平。这种天平的秤杆两端用绳子吊着两个秤盘,如果你在一边放上一盎司的砝码,就要在另一边放上等重的物品,这样才能取得平衡。

领导也像一个天平,领导者给的报酬和下属的绩效相互平衡。在企业中,天平不断晃动,偏向报酬或绩效其中一方,双方等重时天平自然寻求平衡,它们不可能永远失衡。

领导者总是期待着更高的绩效,因为依靠绩效才能实现愿景,公司的影响力、利润和成功皆由此而来。作为领导者,你可以做出选择,你可以逼迫员工付出更多,期待天平向你倾斜;或者增加报酬,实际上你只能左右这一方面,然后等待下属以更多付出作为回报,从而使天平恢复平衡。这就是全方位领导者的做法,他们只关注付出,不关注回报。他们跟员工一样,付出越多回报就越多。

回顾
全方位领导者向下领导的原则

你能像全方位领导者一样依靠影响力领导下属吗?我们来回顾一下向下领导需要掌握的七大原则。

1. 慢慢穿过走廊
2. 将每个人视为"满分"
3. 培养每个团队成员
4. 发挥下属的优势
5. 以身作则
6. 传递愿景
7. 根据结果进行奖励

第六章
全方位领导者的价值

　　成为全方位领导者并不简单，它需要孜孜不倦，但是一分耕耘一分收获。多年来在领导力培训和咨询工作中，我从未听到哪个领导说"我们公司的领导者太多了"。因此，无论公司中有多少优秀的领导，它仍需要全方位领导者，也需要你成长为全方位领导者。

　　作为领导，追求进步的过程不可能一帆风顺，你的付出也不一定得到相应的回报。有时上司不愿听取你的意见，同级忽视你的存在，下属拒绝追随你的领导，你会感觉到奋斗过程中充满艰难险阻。

　　请不要灰心丧气，至少不要长时间灰心丧气，因为提升自己的领导水平能够为公司做出巨大贡献。

　　成也领导，败也领导，全方位领导者越是优秀，其影响力就越大。

　　本书接近尾声，我想给读者一些鼓励，促使你不断学习不断进步。我会分析不断努力成为全方位领导者的必要性。在碰到艰难险阻时，请反思本章的内容，它能够提醒你为何努力攀爬、为何在中层发挥领导力。

价值一

领导者团队比单打独斗更有效

领导力既复杂又难学，单打独斗者难以掌握。我作为领导者，有些任务出色完成，有些任务则表现欠佳，相信你也一样。就连历史上最伟大的领导者都少不了盲点和弱势。

> 领导者遍布各个层级，各个层级的团队才能取得相应的进步。

怎样解决呢？公司应该在各个层级上打造领导者团队。一组领导相互合作比一个领导单打独斗更有效。领导者遍布各个层级，各个层级的团队才能取得相应的进步。

构建团队的领导者

作为中层领导，如果你构建一个团队，那就能推动公司进步，助其实现愿景。不管从事什么工作，你都能增加公司的价值。在这个过程中牢记以下几点。

1. 远见卓识的领导者愿意招募超越自己的下属

我为写作本书曾采访过一个领导，他说在自己的领导生涯中曾有过关键的一刻，有人问他："如果你可以聘请这样一个人，你知道他能推动公司进步，但是他的薪酬比你还高，你还会聘请他吗？"这个问题引起了他的重视，他花了很长时间认真思考，最终得出了肯定的答案，这个问题改变了他看待团队和自己的方式。

全方位领导者愿意聘请超越自己的员工，因为他们渴望实现愿景，这一点至关重要。如果领导者发现自己自私而狭隘，那他们一定会偏离愿景，误入歧途。回到正轨的方法就是将愿景放在第一位，然后顺其自然，任一切回到正确的位置。

2. 明智的领导者将下属打造成一个团队

当领导者意识到单打独斗难以取得重大成就时，他们就会开动脑筋。只要想到这一点，他们就会谦虚谨慎，致力于打造一个团队。

每个人都需要其他队员来成全自己。全方位领导者建立团队，并不是为了自己高人一等，享受他人的服务；他们雇用下属也不是为了找人做苦力，干杂活。他们在视野范围内寻觅佼佼者，从而使团队达到最佳状态。

克里斯·霍奇说通过观察华盛顿国会议员的工作，学到了团队合作的价值。众议员想要提出某个法案时，他们要做的第一件事就是找到共同提案人。如果他们能找到其他党派的人那再好不过。克里斯将这种方法牢记于心，他在努力完成一切任务之前，首先建立一个团队，确保成员对自己的行动深信不疑，一个团队的力量永远大于单打独斗。

3. 有安全感的领导者为团队授权

维恩·施密特曾说过："如果领导性格多疑，能力再强都于事无补。"确实如此，多疑型领导好胜心强，他们以自我为中心，这一点经常导致他们在招募下属时退而求其次。

> 如果领导性格多疑，能力再强都于事无补。
> ——维恩·施密特

另一方面，稳健型领导关注他人，希望看到他人有所成就，乐于将功劳归于团队，这种渴望他人成功的心态会促使他们培训下属并为之授权。只要你关注他人，授权就顺理成章地成为副产品。

4. 经验丰富型领导听取团队的意见

经验丰富型领导在领导之前先征求意见。汤米·弗兰克斯将军（Tommy Franks）说：

> 将军并非毫无过失。如果一支军队完全依赖将领，那就无法迸发智慧。将军领导士兵并不仅仅意味着制定战略及发号施令，相对于领导他们的将军，旅长、营长、连长、排长更清楚自己部队的优势和劣势。因此成功的将军应该多征求意见，少发号施令。

> 不成熟的领导先发号施令，后征求意见。

不成熟的领导先发号施令，后征求意见，甚至一意孤行。如果领导者闭目塞听，那他就不了解下属的关切，不知道下属的需求和想法，看不清目前的状况。而优秀的领导明白一线员工才是消息最灵通的人。

如果下属不愿追随，那你就要多听取他们的意见。不要逼其就范，不要玩弄手段，也不要厉声斥责，只要你用心聆听，他们一定会大有改观。

5. 精明强干的领导者明白单打独斗无法取得成功

过去的25年中，我观察了公司和非盈利组织的发展趋势，以及它们追求发展和解决问题的方法。我发现了一个明确的模式，可能你也见过。

- 20世纪80年代，关键词是管理，理念是管理者要做到言行一致。（目标是防止公司水平下滑）
- 20世纪90年代，关键性概念是"个人领导"，各公司意识到一切瞬息万变，因此领导者必不可少。
- 21世纪，理念成了"团队领导"，因为领导企业纷繁复杂，包罗万象，只有打造领导者团队才能取得进步。

领导力纷繁复杂，因此如果企业打造领导团队，那一定会取得长足进步。仅仅出色完成一项任务不足以成为优秀的领导，只在一个方向发挥领导力也无法胜任领导一职——你需要向上、横向和向下领导的技巧。领导团队永远比单个领导更有效，一支由全方位领导者组成的团队比其他任何类型的团队更有效。

价值二

公司的每一层都需要领导者

2004年我应邀到亚拉巴马州莫比尔市为美国橄榄球联盟的教练和长青杯的球探讲课,这段经历使我印象深刻。那天我讲座的内容之一是优势法则:能力相当的两个团队,其区别就在于领导。

讲座结束后,我和其中的一位总经理进行交流,他肯定了我的观点。他说在美国橄榄球联盟里,球员的天赋都差不多,所以优势来源于领导力——来源于球队老板、总教练、助理教练和球员,领导力是企业各个层级出现差别的关键。

缺乏领导的后果

我经常强调这一点,有些读者可能心生厌倦,但我认为这正是我的核心思想:成也领导,败也领导。确实如此,如果你不相信,那就组建一个群龙无首的团队,然后观察他们的表现,他们一定会偏离正轨。如果团队、部门、公司高层或家庭中缺乏优秀的领导,那不可避免会出现以下后果。

缺乏领导，丧失愿景

如果一个团队在起步时拥有愿景而缺乏领导，那一定会陷入麻烦，因为愿景会损耗。没有领导者，愿景将会消失，团队也会不断偏离正轨，直到彻底失去方向。

相反，如果一个团队具备领导而缺乏愿景，那它会安然无恙，因为团队最终能够制定愿景。如果只用一个词来定义领导者，那最好的词应该是"远见卓识"。领导者目标明确，他们拥有愿景，而愿景不仅仅为他们指示方向，还能为下属指示方向。

缺乏领导，拖延决策

我很喜欢里根总统讲的一个故事，这件事使他意识到及早决策的必要性。他小时候，一个和蔼的阿姨带他去定做鞋子，鞋匠问他想要方头鞋还是圆头鞋，但里根似乎有些犹豫不决。

"一两天之后再来告诉我你的决定吧。"鞋匠告诉他。但里根没有回家。鞋匠又在路上碰到他，问他想要哪种鞋子，里根说："我还没想好呢。"

"好吧，"鞋匠回答，"明天我就把鞋子做好。"

里根回到鞋店取鞋时，他发现一只鞋的鞋头是圆的，另一只竟是方的。后来里根说："看到这双鞋我就能想起经验教训。"如果你无法亲自决策，他人将替你决策。

优秀的决策者不一定是领导者，
但领导者一定是优秀的决策者。

优秀的决策者不一定是领导者，但领导者一定是优秀的决策者。通常领导者负责制定决策，如果不是亲自制定，那就帮助他人快速决策。

缺乏领导，各自为政

如果团队成员聚在一起而没有明确领导者，那每个人只完成自己的任务，用不了多久就会各自为政。团队需要领导者为之提供统一的声音。

缺乏领导，冲突蔓延

领导者最重要的角色之一就是化解冲突。缺乏明确的领导者，冲突持续时间拉长，破坏力增大。通常领导者需要挺身而出，介入冲突，促成对话，化解矛盾。在领导他人时，你要准备好采取措施为下属化解冲突。

缺乏领导，士气低落

拿破仑曾说过"领袖是希望的代言人"。如果一个团队缺乏领导，那队员会失去希望，士气低落。为什么呢？因为士气的定义就是"对高层领导的信心"。

缺乏领导，绩效降低

领导者的首要特点就是有能力实现目标。查尔斯·施瓦布曾经营过美国钢铁公司，他讲过一个故事，恰好能说明这一事实。施瓦布讲道：

> 我有个厂长受过高等教育，他对行业了如指掌，但他似乎无法激励工人全力以赴。
>
> 有一天我问他："为什么像你这样的能人都无法使车间达到最佳状态呢？"
>
> "我也不知道，"他回答说，"我好言相劝，逼其就范甚至破口大骂，总之用尽一切办法。但他们还是绩效平

平。"

那天天色已晚，白班的工人快要下班了，而值夜班的工人快要来了。我走向一个站在炽热熔炉旁的工人，向他借了一支粉笔。

"你们这一班今天有多少产出？"我问他。

"6个。"他回答。

我用粉笔在地上写了一个大大的"6"，后面没写任何内容。值夜班的工人来到车间，看到这个数字就问值白班的工人。

"今天大老板来了，"白班工人回答，"他问我们生产了多少，我们说有6个，他就用粉笔写下来了。"

第二天早晨我经过同一个车间，发现原来的"6"已经被人擦掉，换成了大大的"7"字。值夜班的工人在标榜这一数字。那天晚上我再回来，"7"被擦掉了，神气十足的"10"占据了它的位置。值白班的工人也不认输。于是一场良性竞争开始了，这个车间的绩效曾经倒数第一，经过这场竞争，它的绩效超越了工厂里的任何一个车间。

领导者创意十足，能够想方设法帮助他人提高绩效。有时需要安排一场竞争，有时需要为下属进行培训，有时意味着鼓励或激励。如果同一种方法能够运用到所有的情况下，那就没有领导的必要。由于每个人情况各异，环境千变万化，领导者需要随机应变，将解决方法付诸行动。

缺乏领导，难以成功

谈到企业成功，很多人会忽视领导者的重要性。他们看不到领导者的重要性，或者不愿承认其重要性。《从优秀到卓越》一书的作者吉姆·柯林斯就是这种情况。我见过柯林斯，在我看来他是一

个智慧和敏锐的人,他并不想研究领导力这一因素。他写道:

> 我对研究小组下达了明确的指示,要求他们降低高层领导的影响,从而避免简单的"幸亏有领导"或"全怪领导"等普遍想法……每次我们将一切归到"领导"头上,我们……就等于承认自己的无知……因此,项目起始阶段,我坚持"忽略高管",但是研究小组仍然有这个倾向……最终如往常一样,数据说明一切。

接下来柯林斯描述了第五层领导,也就是意志力强、为人谦逊的领导,以及这些领导者是如何领导他们所研究的杰出公司。

不管你希不希望,领导力都在发挥作用。你的组织离开各部门强有力的领导,就无法发挥作用,只有每个部门都具备精明能干的领导,公司才能有所成就,公司的每一层级都需要全方位领导者发挥作用。

价值三

成功领导是更上一层楼的前提

　　成长型企业不断寻找人才，并提拔他们到更高层发挥领导作用。怎样辨别一个人是否合格、值得晋升呢？那就要回顾他在现有职位上的业绩。成为后起之秀、获得晋升的关键就是在现有职位上兢兢业业，而不是一心向上爬。如果你在现有职位上成为全方位领导者，那一定不乏晋升的机会。

　　在朝着全方位领导者努力的过程中，请记住以下几点。

1. 领导力的起点是现有职位，而不是理想中的职位。

　　几天前我在开车时，我左侧的一辆汽车从中间车道向右转，引发了一场交通事故。幸运的是，我及时减速，撞击力减轻。但是我的安全气囊打开，两辆车损毁严重。

　　停下车之后，我最先注意到车里的小型屏幕上显示着我的准确位置，这一位置根据GPS得出的。我盯了一会儿，好奇车子为何会报告准确的经纬度。然后灵光一闪，原来如此！如果真正身陷危难，寻求救援，那急救人员最需要的信息就是你的位置。如果不清楚自己的位置，那你哪里都去不了。

　　领导也是如此，想知道怎样到达目的地，先要弄清自己的位置，也就是关注手头的工作。成功的体育专栏作家肯·罗森塔尔（Ken Rosenthals）说："每次立志追求进步，你都会发现自己位于新阶梯的最低层。"将注意力集中于现在而不是理想中的职责，我从没见过哪个人因为关注昨天，而得到了更美好的明天。

> 99%的领导力来自企业中层而不是顶层。

2. 领导力技巧相同，但"联赛"不同

如果你得到晋升，穿过大厅到达办公室，距离原来的办公地点只有几步之遥，但是晋升前后的区别不仅仅在于这几步。当你被"提拔"到领导力的新台阶，工作质量也需要快速提升。

任何层级都需要领导力技巧，每个新台阶都要更高级的技巧。这一点在体育运动中显而易见。有些运动员能够从休闲比赛晋升到高中联赛，少数人能够从高中晋升到大学联赛，只有屈指可数的运动员能够到达职业联赛级别。

"晋级"的最佳机遇就是在现有级别上不断进步，从而迈上新台阶。

3. 处理好小事才能担当重任

我在讲座或进行签售时，有人悄悄告诉我他们也想写书。"我怎样入手呢？"他们问道。

"你现在写过多少东西？"我反问道。

有些人说写过文章和其他作品，我会予以鼓励。但是大多数情况下他们怯生生地回答："其实，我什么都没写过。"

"那你就开始写作吧，"我向他们解释，"你应该从小处入手，循序渐进。"

> 征服自己才是永恒不变、不留遗憾的胜利。
>
> ——拿破仑

领导力也是一样。你应该从小事做起，循序渐进。从未担任过领导的人应该先努力影响他人，具备一定影响力的人应该努力建立团队，总之从最必要的环节入手。

圣弗朗西斯·阿西西（St.Francis of Assisi）说："从必要环节入手，然后尝试一切可能性，突然间，你会发现自己能够完成不可能的任务。"一切杰出的领导力都始于现有职位。拿破仑说："征服自己才是永恒不变、不留遗憾的胜利。"第一次取得重大胜利必不可少，而眼前的小事正是它的要素。别急着征服世界，先履行现有的职责吧。

4. 现有职位上的领导工作是迈上新台阶的履历表

如果你第一次就医，那医生一定会询问很多家族病史问题，实际上这类问题比有关生活方式的问题还要多。为什么呢？因为家族病史是决定你健康状况的首要因素。

在成功的领导力中，历史也占据压倒性优势。上司在决定你是否胜任某项任务时，看中的就是你在现有职位上的业绩。我在面试应聘者时，90%的注意力都放在以往的业绩上。

想要得到机会迈上新台阶进行领导，成功的最佳机遇就是在现有职位上兢兢业业。只要每一天你成功地进行领导，那就能为迈上新台阶打造辉煌的业绩。

5. 擅长领导志愿者，那所有人都不在话下

最近，在美国总统纪念日的研讨会上，我们讨论到领导力的发

展。有位首席执行官问我:"我怎样在一小组领导者中找到最拔尖的呢?应该看重哪些特点?"

有很多标志可以显示出一个人具有领导潜力,比如完成任务的能力、高超的人际交往技巧、愿景、梦想、问题解决能力、自律能力以及高职业道德。但是有一个简单又准确的领导力测试,那就是我建议的:让他们领导一个志愿者团队。

想要测试自己的领导力,那就试着领导志愿者。为何困难重重?因为领导志愿者时你没有任何砝码。志愿者没有必要对你言听计从,因此你要调动一切领导力技巧来指挥他们。如果没有挑战性,他们会失去兴趣;如果你逼得太紧,他们就会放弃;如果你不擅长人际交往,他们就不愿与你共处;如果你无法传递愿景,他们就不知道目标何在、动力何来。

如果你领导他人,你所在的企业有某些社区服务项目,那鼓励你的下属主动参与,然后观察他们的表现。如果在这种环境中非常活跃,那说明他们满足众多条件,有资格得到晋升。

西屋广播公司前首席执行官唐纳德·麦克甘纳说:"领导力关乎行动而不是职位。"采取行动,并通过协调帮助他人也这么做,这就是领导力的实质。只要在现有职位上做到这些,那晋升就指日可待。

价值四

优秀的中层领导能够提升高层领导的水平

在工业化和市场化的国家,我们经常将领导力视为理所当然。在这些国家,商业和工业蓬勃发展催生了领导文化,这种文化覆盖了很多公司。另外,市场竞争非常激烈,因此很多脱颖而出的领导者不断努力提升自己的领导力。

发展中国家则是另一番情况,在过去的五到六年间,我花了很多时间在世界各地教授领导学,我发现在很多发展中国家,杰出领导者凤毛麟角,而全方位领导者几乎不存在。发展中国家的大多数领导者看重职位,并尽可能与下属拉开距离,这正是富人和穷人存在巨大差异的原因之一。当然,也存在例外情况,但是如果你经常到世界各国走一走,那一定会注意到这种普遍现象。

在领导者极力抑制他人发展的地区,其整体领导力通常十分差劲。原因是如果高层领导集权力于一身,而得不到任何中层领导的协助,那高层领导也无法有效发挥领导力。

如果你认为我对发展中国家的领导者太过挑剔,那我想说的是,不管在什么地方,只要高层领导集权力于一身,缺乏全方位领导者的协助,那都会面临重大问题。我也亲身经历过这种情况,我第一次担任领导时,没有指定、培养任何下属并为他们授权。因此,我的领导力很弱,整个公司的整体绩效远低于预期水平,在我离任两年之后,公司的规模缩小了一半。

> 企业任何层级的优秀领导都能提升顶层领导的水平。

人们常常低估全方位领导者在企业中层所具有的价值。实际上，企业任何层级的优秀领导都能提升顶层领导的水平，并会让整个企业更优秀。

每迎来一位优秀的领导者，团队都会得到加分

优秀的领导能帮助团队成员取得最佳表现，他们会设定方向，激励下属，进行协助并取得成果。这一点在体育运动中显而易见，教练能够改变整个队伍。如果迎来优秀的领导者，那同一个队员与以前相比，他的表现通常更加出色。

这一点适用于任何企业，一个能干的领导接手一个销售团队，那业绩一定大有起色；一个优秀的经理接手一家饭店，那经营一定更加顺利；如果一个出色的领班带领一群职工，那绩效一定有所上升。

纵观整个企业（家庭式小公司除外），你在见到优秀的领导者之前就能锁定他们，你只需要找到长期绩效斐然的团队，这正是优秀领导的所在。

每迎来一位优秀的领导者，企业中所有领导者的水平都会提升

"老虎"伍兹从业余级别上升为专业高尔夫球手的过程非常耐人寻味，他球技高超，使其他人相形见绌，他在奥古斯塔以绝对优势赢得第一个大师赛冠军之后，他说在比赛那几天几乎都没有达到最佳状态。当时很多人担心伍兹会主宰整个高尔夫球界，没有人能打败他。

但是伍兹打了几年球之后有趣的事情发生了，其他人的球技都迈上新台阶。为什么？因为实力可以激发实力。《旧约圣经·箴言篇》说:"铁磨铁,磨出刃来,朋友相感,也是如此。"

优秀的领导者加入团队,其他领导者也会关注他,优秀的领导者不仅能够激励下属,也能激励其他领导者达到最佳状态。优秀的领导者能够提升绩效和团队合作水平,从而迫使企业的其他领导者不断进步。

优秀的中层领导能够增加上司的价值

相对于高层领导,中层领导更贴近基层员工。因此,他们更了解工作状况,他们了解基层员工和员工面临的问题,他们对基层员工的影响力也大于高层领导。

如果企业中层缺乏优秀的领导者,那高层领导要对每个员工和每件事负责。如果优秀的中层领导利用他们的影响力和投入来协助高层领导,那将"扩展"高层领导的影响力范围,这样一来,高层领导就能完成很多单打独斗无法完成的任务。

优秀的中层领导能够解放高层领导,使他们专注于头等大事

作为领导,你在企业里职位越高,你的视野就越宽广,但真正能做的事就越少。升职之后,你不可能继续从事如今的工作。随着你的升职,你需要将原有的很多职责转交给他人。如果负责这些工作的员工表现差劲,那你只能收回这些工作。受此影响,你将无法顺利履行新的职责。

实际上,对高层领导而言,由于中层领导不断向他们寻求帮助,迫使他们从事低级别的工作,这会使他们无比沮丧。如果高层领导无法脱身,那企业就相当于为解决低级问题支付高薪。

因此,高层领导需要中层领导的协助才能有突出表现,如果你在中层表现突出,那就能够促使上司放开手脚,追求卓越。

优秀的中层领导能够激励上司不断进步

领导者的进步能够体现出来，不断进步的领导者能够不断提升个人能力和领导技巧。大多数情况下，他们促使上司不断进步，其中部分原因在于良性竞争。如果你正在赛跑时，有人准备超越你，那一定会促使你迈开脚步，加快速度。

贡献也是一个因素，如果团队成员看到其他人做出重大贡献，那会激励他们积极参与。如果你的团队业绩斐然，那作为其中一员你自然会感到愉悦。

优秀的中层领导能够为企业指引未来

如果企业运用过时的创意和方法来解决问题，那它很难持续进步与成长。未来的成功需要创新和进步，需要新型领导者层出不穷。在《领导圣经》一书中，洛林·伍尔夫（Lorin Woolfe）写道："领导者的终极测试不在于能否巧妙决策并果断行动，而在于能否培养其他领导者，并打造出离开领导者也能长盛不衰的企业。"

今天的基层员工就是明天的中层领导，今天的中层领导就是明天的高层领导。作为中层全方位领导者，只要你不断成长，那很有可能得到机会晋升为高层。同时，别忘了为你奋战的基层员工，考虑好怎样带领他们一起升职，并最终接替你在中层的位置。如果员工表现出色，那你就能发现潜在的领导候选人。

今天的员工	明天的领导者
落实现有的创意	产生新的创意
明确并界定问题	解决问题
与同事融洽相处	吸引精明的人
在现有的框架内工作	承担风险
重视稳定性	重视并发现机遇

领导力专家马克斯·帝普雷说:"培养接班人是领导力的要素之一。"此言不假,因为后继无人就没有成功可言。全方位领导者不仅要做好本职工作,减轻上司和下属的负担,还要确保公司拥有光明的前景。在培训全方位领导的过程中,你能够加深企业的厚度并增强其实力,你能够提高标准,实现共赢。

价值五

全方位领导者具备每个企业都需要的才能

我在为本书列提纲时,与一个朋友谈到全方位领导的全套概念。他问:"全方位领导者与其他类型的领导者有何不同之处?"我为他解释了向上领导、横向领导和向下领导的概念,他说:"好吧,但是他们为何有能力在各个方向上领导呢?他们的工作动力是什么?"

我在讨论过程中仔细思考这个问题,最终得出这样一个答案:"全方位领导者具备一定的才能,能够在各个方向进行领导,这正是他们在企业中颇具价值的原因。"

"你应该把它写进书里,"他建议,"因为人们会努力采取一切正确的行动,如果内心不具备这种才能,那他们很难做到这一点。"

我不知道你有没有考虑过这个问题,什么更能提升你身边的人的价值呢?通过你的言论还是品质?你可能不知道,但是只要具备适当的才能,你就能真正增加他人的价值。你在企业中的职位越高,这条规律就越适用。

在我看来,全方位领导者具备每个企业都希望在所有员工尤其是领导者身上看到的才能。这些品质包括适应力、辨别力、洞察力、人际交往、安全感、服务精神、足智多谋、成熟稳重、耐力和可靠性。

适应力——快速适应变化

中层以下的员工对各种情况后知后觉，通常他们无权进行决策或制定战略，因此要学会快速适应。

在企业中层，你的适应速度越快对企业就越有利。原因是每个企业都有适应速度较快、中等和滞后的员工，快速适应者能够很快接受新想法并积极贡献，中速适应者需要更多时间，而滞后适应者要花很长时间（有时勉为其难）接受改变。

> 有弹性的人是受到祝福的，因为他们不会气急败坏，大发雷霆。

因此，作为中层领导，你应该帮助下属接受改变，并快速适应改变，可以说越快越好。这就意味着在某些情况下，即使没有做好心理准备，你仍要接受改变。碰到这种情况，最关键的因素就是你对上司的信任程度。如果信任上司，你就能适应变化。不断提醒自己，有弹性的人是受到祝福的，因为他们不会气急败坏，大发雷霆。

辨别力——明确真正的问题

美国总统、一位年老的神父、一个年轻的登山运动员和世界上最聪明的人同乘一架私人飞机，突然引擎发生故障，飞行员慌忙跑出驾驶舱说："飞机就要坠毁了，赶快逃命吧！"然后他跳下飞机、打开降落伞。

四个乘客环顾四周，只找到三个降落伞。

总统背起一个降落伞，边跳边说："为了国家安全我必须活下来。"

最聪明的人也抓了一个包，边跳边说："我是全世界的无价之宝，必须活下来。"

老神父看着登山运动员说:"孩子,你活下来吧。我已经为上帝服务了40年,不害怕去见他。"

"别害怕,神父,"年轻人说,"那个最聪明的人跳下去时拿的是我的背包,而不是降落伞。"

优秀的领导者能够在混乱的情况中迅速理清状况,他们知道关键所在。有一句老话说,聪明的人只相信他所听到的一半话,而真正聪明的人能够知道哪一半该相信。全方位领导者应该培养这种能力。

洞察力——不仅仅看到优势

杰克·韦尔奇说:"领导力就是在逆境中发现机遇。"这种能力就是洞察力的体现。在企业担任中层领导的一大优势就是比他人看到更多,大部分人只能了解所在层级和相邻层级的情况。

领导力就是在逆境中发现机遇。
　　　　　　——杰克·韦尔奇

基层员工只能观察并了解基层的情况,如果他们颇具洞察力,那有可能看到中层。高层领导只能观察并了解高层的情况,也能观察下一级也就是中层的情况。但是作为中层领导,你不仅能观察并了解中层,还能了解上下两级的情况,这就为你带来了独特的优势和机遇。

沟通能力——联系企业各个层级的纽带

相对于上司和下属,你对企业有独到的视野和见解,所以你不应只把这些知识用于增加自己的优势,还要用于指挥企业的上下沟通。我们通常认为企业中的沟通由上而下,高层领导制定愿景,设定方向,奖励进步等。然而好的沟通应该是全方位的,事实上,有时关键性的沟通是自下而上的。

在《向上领导》一书中，迈克·尤西姆（Michael Useem）列举了一些"由下而上"传递重要信息的例子，有些信息受到关注，采取措施，见到成效。举例来说，美国贸易代表巴尔舍夫斯基（Charlene Barshefsky）来到谈判桌前协商中美贸易协议，也就是允许中国加入世界贸易组织。谈判前她听取了很多企业家和劳工领袖的关注，然后代表他们的利益来到谈判桌前，最后这场谈判非常成功。

有些向上传递的信息则被忽略了。尤西姆说，联合国驻卢旺达的维和部队指挥官罗密欧·达莱尔（Romeo Dallaire）将军曾试图说服上级允许他采取行动，以防止发生种族屠杀，但是遭到了拒绝。结果相当悲惨，在胡图族对图西族的屠杀中，80多万人惨遭杀害。

> 要开展任何运动，最关键的是团结发起者。
>
> ——马丁·路德·金

马丁·路德·金说："要开展任何运动，最关键的是团结发起者。"这项任务不只需要一个共同目标，还需要有能够赢得并维系人们忠诚度的哲理，更要依靠群众与领导之间畅通的沟通渠道。

安全感——通过自身而不是职位

我很喜欢卡尔的故事，他在办公室的门上挂了一块标牌——"我是老板"，逗得同事哈哈大笑。他吃完午饭回来，大家笑得更开心了，他看到那块标牌旁多了点什么，它附近有一张黄色的便利贴，上面写着"刚才你太太打电话让你把标牌还回去"。

有安全感的人才能在中层成为优秀的领导者。在我们的文化中，人们会问"你是做什么的"，而不是"你是谁"，或"你位高权重吗"，大多数人过于强调头衔和职位，而忽视了影响力。

如果你曾是一位优秀的中层领导，长期也好短期也罢，那就明白你的职位至关重要。没有中层领导的尽职尽责，那企业就无法取得成功。全方位领导者不必担心职位，应该通过自己的影响力树立充分的自信。

如果你曾为突破中层而费时费力，那就转移注意力吧。相反，你应该将精力投入开发自己的潜力，并在现有职位上全力以赴。如果你关注升职而不是自身进步，那你就该问问自己：我变成他人期望的模样了吗？如果关注自身进步而不是头衔或职位，那你还要不断询问自己这样一个问题：我竭尽全力了吗？

服务性——竭尽全力

衡量领导者的真正尺度并非有多少人为他们服务，而是他们为多少人服务。

我认为衡量领导者的真正尺度并非有多少人为他们服务，而是他们为多少人服务。全方位领导者持有服务第一、领导第二的态度，采取的一切行动都以增加价值为出发点。他们为企业的任务服务，通过为同事服务进行领导。

格林利夫服务式领导中心的创始人罗伯特·格林利夫（Robert Greenleaf）对这个问题有绝佳的观点："服务型领导者的首要角色是'仆人'，这种渴望服务他人，服务为先的精神与生俱来"。这种有意识的选择使一个人渴望领导，区别就在于服务的目标——首先确保他人的最高关切得到满足。

成为领导者为他人服务的愿望能否为你提供动力呢？其实答案非常简单，只要不为服务他人而烦恼，那你就怀有服务者的心态。如果你态度不端正，那为他人服务一定会愤愤不平。

足智多谋——另辟蹊径完成任务

一家出版商正要印制300万份西奥多·罗斯福1912年的竞选演说,却发现自己还没有得到罗斯福和他的竞选搭档——加州州长海勒姆·约翰逊(Hiram Johnson)的肖像权。这个问题很严重,因为版权法会对这样的过失处以每份一美元的罚款。

竞选委员会的主席头脑灵活,足智多谋,他给拍摄照片的芝加哥演播室发了一封电报说:"计划印刷300万份罗斯福的演讲,以罗斯福和约翰逊的照片做封面,这是宣传摄影师的绝佳机遇,贵方愿支付多少照片使用费?"

回电说:"感谢提供这个机会,但我们只能支付250美元。"双方成交,印刷机开工,避免了一场潜在的事故。

中层领导尤其需要足智多谋,因为他们的权力和资源有限。想成为全方位领导,那就要习惯于为无米之炊。

成熟稳重——团队比自身更重要

怎样定义成熟?在领导力中,我将它定义为"团队比自身更重要"。如果一个人始终将自己放在第一位,那他对别人鲜有影响。想要领导他人,必须将团队放在第一位。在领导力中,成熟就是团队比自身更重要。

最近我读到一个故事,那什维尔市教育体系的几个校长认为,为了学生的成功,应该聘请一位双语专家。但问题是超出预算,于是他们抽出原本用于为他们加薪的资金,聘请到了需要的专家。他们所维系的学校和学生比个人利益更重要,这就是成熟稳重的领导者。

坚忍——品格与能力经久不衰

几年前,我到非洲培训领导学时曾有机会进行野外拍照,这段经历妙不可言。在野外的灌木丛中,我们花了约一个小时跟踪一对觅食的猎豹。猎豹不可思议，它们是地球上速度最快的陆生动物，每小时能奔跑70英里。但是猎豹是短跑选手，如果它们不能一鼓作气扑倒猎物，那就只能挨饿。原因是它们的心脏太小，无法胜任长跑。

全方位领导者可不能有脆弱的心脏。领导者尤其是中层领导面临着众多挑战，领导力是一场持久战。想要成功，全方位领导者要妥善应对一切挑战，还要长期坚持下去。

可靠性——关键性任务值得依赖

在《领导团队17法则》一书中，我最欣赏的法则之一是"可靠性法则"："面对关键性任务，队友必须能够互相依赖。"我欣赏这条法则的原因不仅在于它言之有理，对团队建设至关重要，也在于我能从中总结出一个词。在我看来，"可靠性"这个词抓住了人们在任何情况下互相依赖的精髓。

如果你信任领导，也就是他就有可靠性，那比仅仅知道你可以信赖这个领导更有价值。这意味着你可以真正依靠他们并取得成功。你是这个团队的一分子，在大多数人怀有自私自利之心的文化中，这种品质将会带来巨大的改变。

大多数中层领导信誉不足。中层事关企业成败，高层领导对企业的影响有限，基层员工也是一样，上司对他们造成的局限往往超越资源和天赋。成也领导，败也领导，确实如此。企业想要成功，那作为全方位领导，你的成功必不可少。

中层领导能够产生巨大的价值和影响，据我所知，最佳范例应该是乔治·卡特利特·马歇尔将军（George C.Marshall）。提到领导同盟国赢得二战的将领，大多数人会想到温斯顿·丘吉尔和富兰克林·罗斯福等领袖。我承认这两位伟大领袖功不可没，但我同时认为，干练的全方位领导者马歇尔将军在二战中必不可少。

马歇尔一直是一位称职的士兵，他能够成功地向上、横向或向下领导。他以上尉军衔毕业于弗吉尼亚军事学院，然后到美国陆军步兵军团服役。马歇尔成绩优异,对师长颇有影响,他完成堪萨斯州利文沃斯堡指挥与参谋学院的基础课程之后,又学习了更高级的课程,并留校担任教员。

马歇尔不管到哪里服役都会增加价值——不管是在菲律宾的两次任职,一战期间在法国服役,潘兴将军在中国任职期间的高级助理,还是佐治亚州本宁堡步兵学校教学组长等其他职位。有人说"马歇尔凭借辉煌的成就在军队中平步青云,其速度无人能及"。

马歇尔的职业生涯非常辉煌,但是被任命为美国陆军参谋长之后,世人才认识到他产生的深远影响。在这个职位上,他向上领导着总统,横向领导着其他同盟国指挥官,向下领导着手下的高级军官。

他上任时,美国军事力量薄弱,装备落后,所有兵力加起来不过20万人。当战争在欧洲爆发时,马歇尔清楚应该采取什么行动——建立一支气势恢宏、训练有素、装备精良的军队,于是他立即着手开展这个任务。在4年的时间里,马歇尔将军队人数扩充到830万,而且实现了训练有素、装备精良。丘吉尔将他称为"胜利的指挥官"。

只此一点就可以使马歇尔成为二战英雄,不过他的贡献却不止于此。他在战争中不知疲倦地工作,不断表现出向上、横向和向下领导的才能。罗斯福总统认为马歇尔的建议都是无价的,还说只有知道马歇尔在国内才能安然入眠。罗斯福要求马歇尔出席所有的重大战时会议,从1941年的阿根廷和纽芬兰到1945年的波茨坦。

在军事战略领域,马歇尔经常需要进行横向领导,他因确保同盟国各国军队互相合作而大受赞赏。在战略上,他与其他将领不分上下,麦克阿瑟希望美军在击败德军之前将精力集中于太平洋战场;英国希望采用所谓的地中海战略对抗希特勒的军队;但是马歇尔深信,想要赢得战争,同盟军必须渡过英吉利海峡,到法国与德军展开斗争。

马歇尔说服了所有人,他和手下将领花了一年的时间计划诺曼底登陆。战后，丘吉尔评价马歇尔："以前我一直认为马歇尔是一个坚强的战士、出色的指挥官和军队的建立者，他是美国版的卡诺（卡诺被称为法国大革命的胜利指挥官）。直到现在我才发现他是一个富有洞察力、具有全局眼光的政治家。"

马歇尔不仅仅擅长向上和横向领导，也能出色地向下领导。他的下属对他深怀敬意。战后，艾森豪威尔将军对马歇尔说："在战争中，每当我碰到问题或经历考验，都会以你为榜样鼓舞自己，你的鼓励就是我最大的动力。你是这个时代最伟大的军人和真正的民主领袖，我对你敬礼时满怀自豪与成就感，作为下属对你的责任感也同样强烈。

即使在战后，马歇尔继续扮演全方位领导者并发挥影响力。杜鲁门总统任命他为国务卿。欧洲各国在战后千疮百孔，需要制订计划进行重建。马歇尔在哈佛大学的演讲中提到支持欧洲复兴计划。我曾看到过相关资料，杜鲁门总统的幕僚想把该计划命名为"杜鲁门计划"，但总统摇头否定，他非常重视并尊重国务卿的领导，因此将它命名为"马歇尔计划"。

历史上改变世界命运的伟人屈指可数，马歇尔就是其中之一。如果没有他的影响，欧洲、亚洲与美国的命运可能与今日截然不同，这就是全方位领导的绝佳范例。最终，马歇尔凭借巨大的影响力和无私奉献获赢得诺贝尔和平奖，他是历史上唯一获此荣誉的职业军人。

我们无法奢望像马歇尔一样对全球产生重大影响。不过，关键在于我们愿意付出一切努力，在现有职位上发挥积极影响，以各种方式为他人增加价值。在我看来，只有成为全方位领导者，你才能提升自己的影响力，才更有可能有所成就。作为全方位领导者，不管你在企业中位于哪个层级，有什么头衔或职位，不管周围的同事是什么情况，你都可以影响他人。希望你不断努力，不断发挥积极影响。

回顾
全方位领导者的价值

一、领导者团队比单打独斗更有效
二、公司的每一层都需要领导者
三、成功领导是更上一层楼的前提
四、优秀的中层领导能使高层领导更优秀
五、全方位领导者具备每个企业都需要的才能

给高层领导的话

为全方位领导者创造一个大显身手的环境

如果你是企业的高层领导，我想和你共同探讨本章的内容。很多中层领导垂头丧气，他们无比渴望成功进行领导，而通常上司带来的阻力却大于推动作用。超过三分之二的人离职的原因是上司平庸无能，人们离开的并不是公司，而是他们的上司。

作为顶层领导，你拥有独一无二的权力，能够创造出积极的领导力文化，让潜在领导者大显身手。如果你创造出这样一种环境，那具备领导潜力的人就会不断学习，积累经验并有所成就。他们会成为全方位领导者，推动公司更加强盛。

如果你愿意将公司打造成领导者出色发挥领导力的平台那你需要转移注意力。

- 从领导员工和公司转移到……
- 领导员工，发现领导者，领导公司，转移到……
- 领导员工，培育领导者，领导公司，转移到……
- 领导并为次级领导授权，同时领导公司，转移到……
- 为次级领导服务，由他们领导公司。

根据你的起点，这个过程可能会花费数年时间，而且充满艰难险阻。但是想想对立面，如果你没有在促使全方位领导者大显身手的环境中培育领导者，那五年之后你的企业会出现什么局面？

顶层领导每天要做的12件事

如果准备好对企业进行改革,那我建议你从"顶层领导每天要做的12件事"入手。每天早上起床准备领导企业时,并许诺做到这激发潜力的12件事。

1. 肯定员工的价值

想要营造有利于领导发展的环境,你要先从内心进行转变。你只会把精力投入你重视的事物中,如果归根结底你不重视员工,那你永远无法营造出培育领导者的环境。

大多数高层领导只关注两件事:愿景和利润。愿景对我们的激励性最强,关注利润是为了让公司顺利运营。但是企业的所有员工位于愿景和利润之间,讽刺的是,如果你忽视员工,只关注其他两样,那既会丧失人心,也会丢掉愿景(很有可能丢掉利润)。但是如果关注员工,那就有可能同时赢得员工、愿景和利润。

吉姆·柯林斯对大型公司进行研究,发现并定义了他所谓的第五层领导者,他注意到这些出类拔萃的领导者从来不会因公司有所成就而居功自傲,实际上,他们十分谦卑,总是把功劳让给别人。毫无疑问,第五层领导者非常重视员工。

很多公司宣称自己重视员工,重视消费者,但它们只是追随潮流,空谈是没有任何价值的。如果你想知道企业是否具备这种价值观,那就和了解企业的局外人聊聊,看他们是怎么说的。他们的答案能使你了解到最真实的情况。但是你最了解自己的内心,你就是一切的起点,你应该扪心自问:我重视企业员工吗?

2. 投入资源，培养下属

有一次我和金·金克拉同乘一架飞机飞往达拉斯，他问我有没有收到过感谢信。当我说收到过时，他问我："在这些信中，人们为何感谢你？"我之前从未考虑过这个问题，但是答案很清楚，人们感谢我的原因尽是我写了一本书或者提供了其他资源。

"我也是一样，"金克拉说，"真有意思，你和我都因演讲而出名，但这并不是人们写信的原因。"

过去的35年中我进行过很多演讲，我认为它们颇具价值。这些活动能够产生巨大的能量和热情，但是想要助力成长，你还需要很多资源。因为它们是流程化的，所以比较容易引导。你可以带着这些流程并且参考它们，你还可以深入挖掘，并按照自己的步调前进。

有一次我在一家大型公司为领导者培训，一位活动组织者在讲台上说，员工是该企业最可观的资产。我很赞赏他的观点，但是我也为房间里的其他领导者扩展开来，只有对员工进行培育，他的言论才得以成立。

培育领导者需要很多付出。高层领导的第一个问题通常是："成本有多高？"我会回答："不管成本有多高，它一定低于对员工无所作为的成本。"

我又有一个问题，请扪心自问："我愿意为领导力培育提供资源吗？"

3. 重视领导力

个体户不必为领导力操心。但是对于企业领导者，领导力这个问题永不过时。只要两个或超过两个人一起工作，那都会牵扯到领导力。有些企业过于强调努力工作，而对领导力不闻不问。真是大错特错。

所有优秀的领导者都会认识到领导力的重要性并高度重视。我很喜欢汤米·弗兰克斯将军对中士的评论，他认为他们是军队中层的终极领导者。

在沙漠中的一个月强化了我长久以来的信念,那就是中士绝对是军队的中流砥柱。一般的部队都依赖士官发挥个人表率作用进行领导,我想到了山姆·龙、恩凯格和凯托中士,他们是士官的榜样。如果一个士官对部队全身心投入,那这支部队将接受严格、真实的训练,在条件允许时享用热汤热饭,甚至有机会偶尔冲个淋浴。如果中士对士兵漠不关心,那他们将会表现差劲,浪费生命。一个聪明的军官一定会努力培养优秀的中士。

美国军方明白领导力的价值并对它高度重视。如果重视领导力,那领导者就会为企业增加价值。

这次你要问自己的问题非常简单:在企业中我是否重视领导力?

4. 寻找潜在的领导者

如果你关注并重视领导力,那一定会不断寻找潜在领导者。几年前,我在领导力发展俱乐部讲了一堂课,教导领导者如何寻找有潜力领导,我们称之为"寻找老鹰"。多年以来,这门课一直是最热门的课程,以下就是"老鹰"最重要的10个特征。

- 他们能完成任务
- 他们能发现机遇
- 他们影响他人的观点和行动
- 他们能为你增加价值
- 他们吸引成功者
- 他们培训其他领导发挥领导力
- 他们提供对企业有帮助的创意
- 他们具备无比积极的态度
- 他们能兑现承诺
- 他们对企业和领导者绝对忠诚

如果你着手寻找潜在的领导者，那就寻找具备这些素质的人。同时也要扪心自问：我在不断寻找潜在领导者吗？

5. 了解并尊重下属

在发现领导者并进行培育的过程中，你应该以人为本了解他们。我鼓励你运用"慢慢穿过走廊"一章中的指导原则来推动这个过程。除此之外，在培育领导者的过程中你应该将这些特点记在心里。

- 下属希望看到成果
- 下属希望精明强干——在自己这一行做到最好
- 下属希望有参与感
- 下属希望得到欣赏
- 下属希望赢得掌声

挑选领导者进行培训时，应该在下属的普遍欲望和个人需求之间找到平衡，尽可能为每个人量身打造培训方案。想要做到这一点，就要不断扪心自问：我了解并尊重下属吗？

6. 为下属提供领导经验

离开实际的领导工作就无法学习领导力，毕竟领导力就是行动。在授权时，很多高层领导忽视了培养下属的机会，我们总是自然而然地把任务交给他人来完成，而不是满足领导力的目标。因此我们要进行调整，如果在授权时不兼顾权力和责任，那下属将难以积累发挥领导力所必需的经验。

你要扪心自问的问题是：我能否为下属提供领导经验？

7. 鼓励下属发挥领导力主动性

发挥主动性是领导力的关键一环。最优秀的领导者都具有主动性，他们能够完成任务。大多数高层领导都是牵头人，但这并不意味着每个高层领导都愿意看到其他人发挥主动性。高层领导相信自己的直觉，但不一定相信下属的直觉。

确实，年轻的领导者在准备充分之前就想小试牛刀，但是只有不断培养并运用自己的主动性，潜在的领导者才能变得羽翼丰满。怎样解决这个问题呢？答案就是把握时机。如果你操之过急，那就缩短了成长的时间；如果你在领导者准备就绪后仍然百般阻挠，那就会抑制他们的成长。

有一个办法可以帮助你掌握时机，那就是判断你心态是狭隘还是包容的。如果你认为世界上资源有限，机遇不足，不愿让下属承担风险，因为你认为企业一旦出错就会大伤元气，难以恢复。反之，如果你认为机遇无穷无尽，资源不断更新，那你就会愿意让下属承担风险，因为你对企业的恢复力充满信心。

在这方面你的表现如何呢？请扪心自问：我有没有鼓励下属发挥主动性？

8. 提供一个安全的环境，供下属提出问题、分享创意并承担风险

普利策奖得主、历史学家加里·威尔斯（Garry Wills）说："接受他人领导时，领导者对前进方向有发言权，如果忽略这一点，那带头人会很快失去追随者。"只有安全感强的高层领导才会允许中层领导全面参与企业的领导过程。如果遭到中层领导的质疑，高层领导不会将其视为个人恩怨。与中层领导共享创意时，高层领导也不会感到威胁。当下属承担风险时，高层领导应该给他们足够的空间来庆祝成功或接受失败。

领导力从本质上讲就是要挑战一切，它挑战过时的思想、过时的工作模式，甚至是现状。别忘了奖励就是认可，如果你奖励自

满,那中层领导都会自满,但是如果你充满信心,让中层领导另辟蹊径,超越你的方法,那企业一定会快速发展。

中层领导形成自己的套路后,与其对他们指手画脚,倒不如退居幕后,充当睿智的顾问并大力支持。鼓励最优秀的中层领导发挥主动性并促进企业进步。毕竟,企业的胜利就是你的胜利。

你在企业中扮演何种角色呢?是"专家"还是顾问或支持者?请扪心自问:我有没有为下属提供安全的环境,供他们提出问题、分享创意并承担风险?

9. 与下属共同进步

在职业生涯中我曾与很多高层领导交流,我发现他们对成长持多种多样的态度,可以总结为以下几种。

- 我已经充分成长
- 我希望下属成长
- 我致力于帮助下属成长
- 我希望和下属一起成长

猜猜哪种态度能够打造出促使员工不断成长的企业?

如果企业员工看到高层领导不断成长,那企业文化也会发生改变。它会瞬间消除高层领导和员工之间的障碍,你能够加入下属们的阵营,从而使高层领导更加平易近人。它还会向每个人传递清晰的信息:成长是第一要务。

因此你只需扪心自问一个简单的问题:我是否和下属共同进步?

10. 将潜力无穷的下属划入核心圈

在一次领导力活动中,《邮差弗雷德》的作者马克·桑布恩发表了演说,我很认同他说的一句话:"一头狮子领导鹿群比一头鹿领导狮群强多了。"为什么呢？因为即使是一群鹿，如果由狮子领导，那也会表现出狮子的骄傲，这个比喻棒极了。确实如此，如果人们跟一个人共处并接受他的领导，那人们会像他一样思考，像他一样行动，他们的表现能否提升主要取决于领导的能力。

我经常在研讨会中进行非正式调查，了解人们如何成为领导。我询问他们成为领导者的原因：（1）因为被赋予某个职位；（2）因为企业面临危机；（3）因为曾经接受培训。超过80%的人说自己成为领导者的原因是接受了领导力培训，曾经有人在这个过程中引导他们。

培养高水平领导的最佳途径就是拥有一位高水平的"老师"。如果在企业中独当一面，那你就是最优秀的领导者（或者是最优秀的领导之一）。如果你还没有采取行动，那就精心挑选最具潜力的下属，让他们加入你的核心圈并进行指导。不管你挑选一个下属还是十几个下属，不管你进行一对一辅导还是团体辅导，关键是尽心尽力培育这些最具潜力的下属。

你能做到这一点吗？你会怎样回答这个问题：我将潜力股划入核心圈了吗？

11. 致力于打造领导团队

刚开始担任领导时，我尽可能亲力亲为，40岁之前我一直认为自己无所不能。直到40岁，我终于意识到如果不培育其他领导者，那我的潜力就得不到充分发挥。因此在接下来的10年中，我将注意力集中于培育优秀的领导者。但是这一点也有不足之处，现在我意识到想要到达领导力的巅峰，我必须打造领导力团队。

面对现实吧，没有任何人无所不能，反正我做不到，你呢？你也一样，想要发挥企业的潜力，想要从优秀变成卓越，那就需要打造领导团队，促使队员取长补短，互相挑战，互相磨砺。如果我们完全依靠自己，那就永远无法突破自身的领导力局限。

在这方面你表现如何？请扪心自问：我是否致力于打造领导力团队？

12. 任下属大展身手

作为领导者，如果你对领导力的培养过程有丝毫疑虑或担忧，那通常与你提供的培训密切相关。我们考虑让下属大展身手时自然会充满疑虑，这与父母对孩子的感觉相似。我的孩子已经长大成人，组建家庭，但当年他们还是青少年时，妻子和我总是不放心让他们自己做出决定、走自己的路。这个过程让人提心吊胆，但是不让他们伸展翅膀，他们讲永远无法学会飞翔。

随着年龄的增长，我意识到自己应该扮演"开瓶器"的角色，这正是企业领导的主要作用。如果我能为团队成员打破领导力的瓶颈，那我就履行了自己的职责。我为下属清除的障碍越多，他们就越有可能发挥自己的潜力。最宝贵的是，如果高层领导为中层领导打破瓶颈，那中层领导也能助高层领导一臂之力。

最后一个问题来了，请扪心自问：我能否任下属大展身手？

如果你致力于培养全方位领导者并释放其潜力，那企业和你的生活都会发生变化。据我观察，从单打独斗发挥领导力到成功培养全方位领导，高层领导需要经历三个阶段。

阶段一：孤独的领导——"只有我一个领导"，如果你是唯一的领导，那一定事必躬亲。

阶段二：领导的提升——"我是少数领导者之一"，如果着手领导并培养其他领导者，那你就可以抓大事要事。

阶段三：领导的继承——"我只是众多领导其中之一"，如果培养全方位领导，那你只需要处理少数战略性事务。

汤姆·穆林斯的职业生涯就是一个例证。他是佛罗里达州西棕榈滩一家大型教会归主团的主任牧师。汤姆是教堂的创始者，刚开始他事必躬亲。如果要完成某项任务、实现某个目标或启动某个项目，那汤姆一定会亲自领导。

但汤姆是一位杰出的领导者，他并不想单打独斗。教堂规模逐渐增大，汤姆不仅帮助他人，也致力于培养领导者。他培养的领导者越多，从事一线工作所花费的时间就越少。多年来，汤姆一直在培养全方位领导并为他们授权。

如今，他的教堂每周接待一万多人，每周都要进行几百个项目和活动。他的教堂在社区中非常活跃，为穷人提供住所和食物。他们经常主动出手相助。那汤姆扮演什么角色呢？他退居幕后，辅导、建议并鼓励其他领导，大多数情况下他就这样发挥领导力，他很少在任何活动中担任领导。汤姆说见证他人成功增强了他的成就感，不管是言传身教还是领导团队，其成就感都高于一个人做事的成就。受此影响，教堂的成功也超越了他的梦想。

看到下属和企业有所成就，这不就是我们作为领导者的希望所在吗？中国著名哲学家老子曾提到"无为而治"，这正是优秀领导的做法——帮助他人成功。他们发挥领导力，为下属授权然后退居二线。如果你营造出培育全方位领导者的环境，那有朝一日你也能做到这一点。

全方位领导者练习册

中层领导者的7个误区

误区一：职位误区

请判断下列问题的正误。

A.我在企业中的职位限制了我的领导才能。
B.只有身居高层，才有机会进行领导。
C.我对他人的影响力与头衔有直接关系。
D.影响上司超出我的能力范围，我讨厌下属试图影响我。

如果认为A和C正确，请考虑以下问题。

1.一定要身居高层才能与他人建立交情并使他们乐于与你共事吗？
2.人们与你共事的原因是别无选择吗？
3.怎样与团队成员和公司同事建立适当的关系？
4.一定要身居高位才能取得成绩并帮助他人提高绩效吗？
5.除了总裁和首席执行官，去年你在同事身上有何收获？
6.你有什么独特的技能可以传授他人？本周找到机会，在项目中助同级一臂之力，你甚至有机会教那位同事一种新技能或应对挑战的新方法。

如果认为B和D正确，请考虑以下问题。

1.领导者如何起步？威廉姆·华尔士和温斯顿·丘吉尔在第一场战役中并非高级将领；玫琳凯·艾施也不在第一家任职的公司中担任总裁；马丁·路德·金在事业起步时只是一位助理牧师。

2.如果你在现有职位上像领导者一样思考并行动会怎样呢？你会转变工作方式吗？会改变待人接物的方法吗？请具体解释。

3.华莱士、丘吉尔、艾施和马丁·路德·金身居高位之后才开始影响他人吗？

4.你怎样向身边的人展示你的领导潜力？

5.如果考虑下属的创意，你将有何收获？就在本周，突破他人的期待和职责范围，寻找机会积极主动接手某个项目，对他人的创意敞开胸怀，与队友打交道时，别忘了你自己或你的下属有可能成为下一个"杰出领导"。

误区二：目的地误区

请判断以下问题的正误：

A.身居高位才能学习领导技巧。

B.中层领导面临风险，如果在现有职位上出错，那就失去了晋升的机会。

C.我不可能身居高位，没必要为领导做准备。

D.身居高位之后我有时间学习领导学。

如果你认为A和B正确，请思考以下问题：

1.你对领导力学得怎么样？现在有什么机会可以进一步增强你的领导力？

2.你经常主动接手某个项目并领导他人吗？如果你只是

完成分内工作，那你怎样在同事中脱颖而出呢？

  3.就在本周，抓住机遇主动领导某个项目或活动。如果你不愿在工作中增强领导力，那就在社区中为他人服务（比如辅导小型球队、领导教堂委员会、组织大型家庭或社区聚会）。

如果你认为C和D正确，请思考以下问题。
  1.怎样变成理想中的模样？
  2.此时此刻怎样增强你的领导力？怎样改变原来的想法和习惯，从而展现出领导者的特点？
  3.怎样做准备成为领导者？领导者需要了解哪些情况？
  4.关于领导力，至少列出今年争取实现的三个目标，按照以下各项为领导力制定规划。

领导力目标：_____
有待阅读的书籍：_____
可以取经的人：_____
必须把握的机遇：_____

误区三：影响力误区
请判断以下问题的正误。
  A.人们会自愿服从负责人。
  B.闪闪发光的头衔都能保证影响力。
  C.想要影响他人，我必须在企业中成为正式的领导者。

如果你认同以上三个问题，那请思考以下问题。
  1.你会自愿服从你的上司吗？还是经常质疑他的命令？
  2.你曾追随过没有正式领导头衔的人吗？这样做的原因

是什么？

3.企业的每个管理者都具备同样的影响力吗？

4.什么因素决定着一个人对他人的影响力大小？

5.通过提出建议来衡量你对他人有多少影响力。建议可大可小，可以建议团队如何完成重大任务，也可以建议去哪吃午饭，注意其他人的反应速度，同级的反应速度比下属快还是慢？谁的问题更多？有人反感你的建议吗？找到这种情况的原因。

误区四：经验不足误区

请判断以下问题的正误。

A.身居高层之后，完成任务轻而易举。

B.高层领导比中层或基层领导更稳定。

C.只要到达高层，我就可以为所欲为。

如果你认为A和C正确，请思考以下问题。

1.在企业中，员工经常质疑或批评高层领导的决策吗？

2.制定决策前高层领导应考虑哪些因素？

3.如果忽视他人意见制定决策，那他是领导者还是独裁者？

4.你为何要考虑他人的意见？

5.你曾多次说过"如果我来负责，那一定大有改观"吧，思考其中一个案例，努力找到决策背后的原因，你能纵观全局吗？

如果你认为B正确，请思考以下问题。

1.你经常听到高层领导被解雇的消息吗？如果公司遭遇危机，谁将成为千夫所指？

2.员工如何在企业中凸显价值？

3.领导者如何在企业中凸显价值？

4.没有任何职位万无一失，所有公司都面临着变动和调整，有些败下阵来，企业的成功受经济、局势和领导等众多因素影响。虽然你无法控制一切因素，但你可以尽可能提升自己对企业的价值。衡量你的技能，什么使你对公司颇具价值？

误区五：自由误区

请判断以下问题的对错。

A.如果到达高层，那一定马到成功，再也不必辛勤工作。

B.如果到达高层，我就高枕无忧。

C.如果公司在我手中，我就为所欲为。

D.如果我发号施令，我就无拘无束。

如果你认为A和B正确，请思考以下问题。

1.在公司中高层领导主要负责什么？如果他们效率低下或失去重心，那公司会受何影响？

2.你比其他同事对领导怀有更多期待吗？

3.你为何想要不断晋升？

4.仔细观察你的公司或心仪公司的高层领导，他们为了公司的顺利运营而尽心竭力吗？他们怎样安排工作时间？做出了哪些牺牲才得到如今的职位？

如果你认为C和D正确，请思考以下问题。

1.企业中的领导者向谁交代？

2.随着你的晋升，职责会不断加重，你同意这一点吗？请具体解释。

3.写下成为老板或自主创业的优点和缺点。

误区六：潜力误区

请判断以下问题的正误。

A.现有职位限制了我的影响力。

B.在现有职位上没有任何个人成长空间。

C.到不了公司顶层我就不算成功。

如果你认为A、B或C正确，请思考以下问题。

1.埃莉诺·罗斯福（罗斯福总统夫人）说："没有你的默认，任何人都无法使你自卑。"受此启发，你还认为头衔或职位会限制你的潜力吗？

2.你的能力有多强？竭尽全力将取得什么成果？

3.就在本周，努力在工作中达到最佳状态，而不是将精力花在爬到高层。你需要怎样扭转态度？是否需要调整各项任务的优先级？本周你将确定哪些目标？

误区七：破罐子破摔误区

请判断以下问题的正误。

A.只有高层领导需要学习怎样领导。

B.只有爬到高层我才能为公司做出贡献。

C.我不可能到达高层，因此无法成功。

如果你认为以上三个问题正确，请考虑以下问题。

1.实际上，大多数人永远当不成首席执行官，难道他们应该彻底放弃领导吗？

2.有朝一日你到达顶层成为领导者的概率有多大？你到达顶层的动力是什么？

3.不管在哪一层,你都可以成为更优秀的领导者,要相信这一点。你对公司有影响,能改变他人的命运,成为颇具价值的人。本周你可以做出哪些贡献呢?

中层领导者普遍面临的挑战

挑战一：压力挑战

　　1.上司授予你多少权力和责任？界限是否清晰？
　　2.怎样平衡积极主动与安分守己？
　　3.描述公司高层领导的领导特征。
　　4.你了解自己的工作吗？怎样完成工作？
　　5.得不到奖励你还会努力工作吗？请具体解释。

挑战二：挫败感挑战

　　如果上司无能你该怎么办呢？怎样继续增加价值呢？请思考以下问题，它们能改善你和上司的关系。
　　1.我和上司的共同点。
　　2.上司的优势。
　　3.通过什么方法运用上司的优势？
　　4.我可以在哪些领域为上司分担。
　　5.巧妙地将哪些资源介绍给上司。
　　6.我有什么优势可以弥补上司的缺点。

挑战三：多重角色挑战

　　列出现在你戴在头上的"帽子"。
　　1.至少列出三种角色，与你戴着的多顶"帽子"相对应。

2.在特定场合中怎样决定戴哪顶"帽子"？

3.在何种情况下你最需要改变自己的性格以适应环境，它如何反作用于他人对你的信任？

4.你运用哪些工具和技巧来应对不同的职责？

5.你对变化的反应速度如何？你要怎样改变才能更灵活？

挑战四：自尊心挑战

1.你将大多数精力投入晋升还是绩效？为什么？

2.我的行动怎样为公司增加价值？

3.我对工作很满意，因为……

4.找到一位今天将会赞美的中层领导。

5.公司的哪些创意、产品或服务至关重要，因此即使自己做出贡献，你却甘愿将功劳让给他人。

挑战五：成就感挑战

列出作为"一线"领导的部分优势和劣势。

1.谁是公司的"关键"，你怎样与这些关键人物建立深厚的友谊？

2.团队成功有哪些妙处？你怎样为团队成功做出贡献？

3.公司的愿景是什么？

4.在领导力这一专业领域，你怎样得到更多经验？

5.过去你曾将团队成功置于个人成功之上吗？未来会怎样做？

挑战六：愿景挑战

你希望看到自己的愿景付诸行动、开花结果还是帮助他人实现他们的愿景？为什么？

1.你怎样清晰并积极地向他人传递公司的愿景？

2.你怎样支持企业的价值观和愿景?

3.如果愿景违背你的原则,或者不符合你内心的价值观,你认为辞职是正确的选择吗?

4.你怎样将自己和公司的愿景联系起来并相一致?

5.你的工作怎样实现领导者的愿景?

6.你怎样为领导者的工作增加价值?

挑战七:影响力挑战

1.你通过哪些方式感受到突破职位影响他人带来的挑战?

2.现在人们愿意追随你吗?

3.你怎样让同事不断感受到你的关怀?

4.你信赖的领导者具备哪些品质?你具备这些品质吗?如果不具备,那你怎样赢得他人的信任呢?

5.你要学习或磨炼哪些技能才可以在现有职位上增强实力?

6.作为领导者你平易近人、性情稳定吗?

7.在以下各项中圈出三种最突出的能力,然后列出有所欠缺的能力,再写出在这些领域内寻求进步的方法。

正直——以信任为基础建立关系

栽培——以人为本,关心下属

信任——信任他人

倾听——重视他人的意见

理解——换位思考

扩展——帮助他人增强本领

指引——帮助他人克服困难

交流——建立融洽的关系

向上领导的原则

向上领导原则一：出色地领导自己

1.你经常向团队成员大发雷霆吗？通常你大发雷霆是为了解气吗，还是在某种程度上使团队获益？请具体解释。假设面对现有的团队任务、项目和目标，你应该煽风点火还是控制自己的情绪？为什么？

2.你的一生值得怎样度过？

3.根据80/15/5原则列出你的优先事项。有哪些优势领域应该占用你80%的时间，哪些有待进步的领域占用15%，哪些有所欠缺的任务占用5%？

4.你在职场上最欠缺哪些基本技能？怎样才能既解决这些困难又合理配置精力？

5.列出部分创意和挑战，它们需要你稍后进行仔细思考或规划。你可以去哪度过"思考时间"呢？你在日历上将哪一天的什么时间安排成"思考时间"？

6.不说废话的方法就是在与上司谈话或参加会议前为发言做好准备（详细内容参见原则六）。利用下面的空白处略记或概述你打算向上司提出的创意。关键就是简洁，尽量做到简明和清晰。

7.在你的优先级列表上家庭排在第几位？这一点能在你的日程安排、支票簿和家庭成员身上体现出来吗（询问家庭成员的真实想法）？你需要做出调整吗？

向上领导原则二：为上司减负

1.在向上司要求更多职责之前怎样才能完成自己的本职工作？

2.写出你的团队目前面临的一大挑战，然后列出三种可能性解决方案，有没有不惊动高层领导的解决方案呢？

3.你愿意将事实告诉上司吗？怎样与上司打交道更容易？除了事实，你还应该告诉上司什么信息？

4.关于小事，上司应该了解什么事实？他为什么需要了解这些事实？如果你向他隐瞒事实有什么后果？

5.关于大事，上司应该了解什么事实？他为什么需要了解这些事实？如果你向他隐瞒事实有什么后果？上司对你足够信任吗？如果不够，怎样才能赢得信任？

6.怎样着手做好"分外之事"？

7.不论何时，你都会支持上司吗？

8.通常你会火上浇油还是浇水灭火？请举例说明。如果公司中面临挑战或陷入危机，你将怎样扑灭火焰？

9.就在本周，注意询问上司怎样为他分担。记下他的回答，然后通过制订行动方案并执行下去。

向上领导原则三：心甘情愿做别人不愿意做的事

1.你打算怎样提高自己解决问题的能力？目前有什么棘手的工作有待完成，而你的能力足以胜任，你将采取哪些必要行动迎难而上？

2.今年为了增强领导力你将做出何种牺牲？

3.领导者应该学会在卑微中工作，因为这是对诚信的测试，你同意这种观点吗？

4.在你的公司，哪个同事绩效很高但难以相处？你和他有什么共同点？你怎样和他建立交情并改善工作关系？

5.请列举为了公司的利益你可能承担的风险，陷入危机对你有何影响？你会使他人陷入危机吗？考虑一切可能性后果，最好的情况如何？最坏的又如何？你为何犹豫？为何做好准备承担风险？

6.如果在某个领域内出现失误，你会不找任何借口、努力改正错误吗？

7.上次你的表现超出他人的预期发生在何时？现在有机会重演吗？

8.助同事一臂之力能够赢得对他的影响力，同时主动帮助他人也能对上司产生影响，你发现这一点了吗？

9.为了帮助公司，你曾有机会接受超越你工作范围的任务吗？如果有，请具体解释。

10.想要精明强干，就要为他人所不愿为，你同意这个观点吗？

向上领导原则四：领导——做的要比管理的更多

1.长期看来，你个人的长期目标是什么？团队的长期目标是什么？公司的长期目标是什么？

2.请回答以下关于本节内容的问题。

我怎样适应自己的职位或部门？

各个部门如何适应公司运营？

公司怎样适应市场？

市场与其他行业和整体经济有何联系？

3.为了取得进步，你的部门要打破哪些界限？

4.你认为今天最大的挑战是什么？有可能出现什么机遇？

5.作为领导者，你能否依赖自己的直觉或者洞察未知因素来判断某个决策的正误？

6.你将开始指导哪个下属？怎样在他身上投资？

7.想成为领导者，面对改变你能得心应手吗？

向上领导原则五：为人际关系投资

1.你了解自己的上司吗？他为何开心，为何悲伤，为何得意扬扬？

2.上司最看重什么？

3.上司的热情能感染到你吗？

4.你能清晰地理解上司的愿景吗？

5.上司在工作中关心什么？在业余生活中有何兴趣爱好？

6.如果你不了解上司，那就进行性格测验，发现自己的爱好和优势。只有了解自己，你才能做好充分的准备，了解他人的性格特征。

7.你对上司有没有"人品值"？为什么？怎样才能不断增强上司对的你信任？

8.你的上司有何缺点？你怎样在这些领域增加价值或利用自己的优势弥补上司的不足？

向上领导原则六：为每次占用上司的时间做好准备

1.下次与上司交流时怎样进行最佳准备？

2.请教上司之前，你是否想过这个问题可以通过调查或请教他人加以解决？

3.下次与上司交流时，关于目前的工作你有没有问题向他请教？

4.为了与上司交流，你做好充分准备了吗？

5.你怎样描述上司的"语言"？你已经了解到哪些特点？怎样学会这种"语言"？

向上领导原则七：何时进何时退

1.目前上司有必要了解哪些重大问题和重要机遇？你在什么情况下会提醒上司关注某个问题？

2.如果一味等待将造成公司丧失机遇，你愿意冒险推波助澜吗？

3.难以完成某个任务时，你愿意寻求上司的指导吗？为什么？

4.介绍某个创意的最佳氛围是什么？

5.向上司介绍某个创意的最佳时机是什么？

6.向同事们学习。同事们何时成功地向上司介绍新创意？何时失利？

向上领导原则八：成为公司骨干

1.你在工作中职场上是哪种类型的员工？拖后腿，普普通通，有价值还是无价之宝？你曾专门评估过这一点吗？你怎样不断进步并在现有的基础上提升自己的价值？

2.如果资源紧缺，你怎样进行补充？你可以从内部利用什么"资源"？怎样招募他人充当资源？

3.过去你通过什么方法克服动力不足并取得成功？你从中吸取了什么经验？

4.你怎样使自己成为上司的得力助手？怎样向上司展示出你愿意在面临挑战时助他一臂之力？

5.你怎样做好准备、填补领导空缺？你需要学到什么才能接替上司的职位？

向上领导原则九：不断进步

1. 今年你将怎样精进技艺？

2. 在你的领域内，你可以与哪一位专家进行交流？你希望从他那里学到什么？你将提出什么问题？尽可能在几个星期之内约他见面。

横向领导的原则

横向领导原则一：理解、练习并完成领导力圆环

　　1.你现在对别人持什么态度？你喜欢单独工作还是与大家进行交流？你对他人的生活感兴趣还是不耐烦？怎样才能让同事感受到你的关怀？

　　2.你曾花时间与公司的同事建立交情吗？

　　3.写出几个同事的名字以及他们身上的闪光点，然后写出你怎样向所有同事表达自己的欣赏和尊敬。

　　4.想要影响同级，就要将你的宝贵机遇与他们分享。你可以将什么分享给同事，从而帮助他们减轻负担？

　　5.你曾抓住机遇赞扬同级的优点，承认他的成就并在上司或同级面前为他美言吗？

　　6.作为领导者，如果唯一动力仅是他人对你言听计从，那你绝对错失良机。领导力还应该具备哪些动力？为什么？

　　7.评价现在你和同级之间的关系，各个方面处于什么状态（关怀、学习、欣赏、贡献、表达、领导及成功）？你需要怎样做才能使人际关系迈上新台阶？

横向领导原则二：赞美比竞争更重要

　　1.举一个良性竞争的例子，它怎样凝聚团队并促进成功？

　　2.本书讨论的良性竞争具有多个特点，哪一点对你的团队来说最难维持？

　　3.思考在工作中展开良性竞争的目标。

　　4.现在你和同事们彼此之间怎样竞争？你们的竞争有利于团队的健康成长吗？怎样划分工作中的良性竞争和恶性竞争？彼此之间的竞争何时结束？

横向领导原则三：成为朋友

　　在工作中你和谁关系密切？我为什么建议你努力和同事们建立友谊？

　　1.好的聆听者有什么标准？根据这些标准，你算得上好的聆听者吗？为什么？如果有必要，你将如何改变？

　　2.你和现在的同事有什么共同点？你对这些共同点有多少了解？

　　3.工作之余，你可以安排或参与什么活动，从而对同事加深了解？

　　4.描述上次你在工作中嘲笑自己的情形。

　　5.在哪种情况下你会犹豫不决，不敢对同事说实话？你和同事的关系如何？如果对同事说实话，怎样的环境最理想？

横向领导原则四：避免办公室政治

　　1.同事们在什么时间、什么情况下更有可能散布流言蜚语？你怎样避免这样的交谈？

　　2.鸡毛蒜皮的争吵和有价值的争论有何区别？

　　3.你知道怎样维护正确的决定吗？即使这一立场不受

欢迎。

4.思考目前工作中争论不休的问题,你对这个问题的第一反应是什么?是否可以从其他方面进行思考?

5.你对自己的"地盘"有什么看法?在什么情况下你愿意放弃一些"地盘"?

6.如果你好心好意对同事说实话,他们会信任你吗?

横向领导原则五:扩大人脉圈

1.列出你最亲密的朋友,他们从事什么行业?他们的朋友对你有没有帮助?考虑他们的兴趣爱好,他们通过兴趣爱好和旅行结识了哪些朋友?

2.想一想工作中的朋友没有覆盖哪些部门?谁可以成为这些部门的潜在联系人?你怎样与他们建立交情?

3.和你优势相同的人会吸引你吗?你怎样扩展人脉,积累经验?

4.你最不喜欢或不信任哪类人?为什么会这样想?这个人或这类人的所作所为破坏了你的愿景吗?

5.今天、本月、本周以及今年你将怎样突破现状并与他人交流?

横向领导原则六:让闪光的创意脱颖而出

1.你怎样才能营造出一种环境,允许甚至鼓励人们在团队中共享自己的创意

2.作为领导者,你在做出决定前会听取多少创意?请具体解释。

3.曾经激发你创意火花的最不寻常之处在哪?你怎样找到灵感?你还可以去哪里寻找灵感?

4.如果你不喜欢或不尊敬的人提出建议,你的第一反应

是什么？为什么？

5.怎样让创造型的同事和团队成员感受到你的重视？

6.如果你的创意得不到他人认可，你会当成个人恩怨吗？如果确实如此，你将怎样改变？

横向领导原则七：不要假装完美无缺

1.你的弱点、错误和盲区是什么？你曾在这些领域向团队成员求助吗？

2.在什么情况下你应该向他人寻求建议？你喜欢向谁寻求建议？

3.谁是寻求建议的最佳人选？

4.在同级中赢得信誉的最佳途径是什么？

5.如果你虚心向每一位团队成员学习，那你会提出什么问题？与在某个领域内出类拔萃、值得你学习的同事接触，问问他们是否愿意同你分享专业知识。

向下领导的原则

向下领导原则一：慢慢穿过走廊

1. 你的团队工作节奏如何？你应该怎样调整自己的节奏，从而与下属建立交情？在快节奏的工作环境中，你怎样刻意留出时间用于人际交往？

2. 怎样向下属展示你在工作中以人为本、关心他们？

3. 作为领导者，为什么要花时间询问团队成员与工作无关的问题？

4. 如果你开始到大厅中与下属进行交流，大家乐于和你相处，想想有没有哪个下属刻意回避你。如果出现这种情况，记下他们的名字，然后找到他们，查明原因。

5. 在你努力放慢节奏的过程中，有哪些做法适合你的性格、工作环境和领导方式？你怎样将这些做法加入日程？

向下领导原则二：将每个人视为"满分"

1. 想想你的某些下属，如果"毫无差错"，那他们将会怎样？

2. 下属中有人对自己失去信心吗？怎样将你对他们的信心借给他们？

3. 你喜欢在他人犯错还是办正事时指出他的错误？请具体解释。每天都要看看某个成员或整个团队出色地完成了什么工作。

4.为了增强对下属的信任,你对团队的态度应该怎样改变?

5."满分"有什么特征?列出所有下属的名字,在每个名字后面写上他的一技之长。根据他的水平,从1到10为这项技能打分。下个月,想方设法鼓励并帮助每个下属在专长领域取得进步。六个月之后回顾你的列表,评分会提高吗?为什么?

6.你怎样才能将团队中的每个人都视为"满分"?

向下领导原则三:培养每个团队成员

1.列出下属的名单,将每个人标为"A"或"B"型队员,圈出你最关注的人。

2.为明年怎样建设团队制定策略。你会关注哪些特点?要求下属阅读什么书籍?带下属参加什么会议?计划举办什么团队建设型活动?什么时候单独与每个人一对一交流(找出日历,提前计划)?

3.写出所有下属的名字,在每个名字后面简单描述他的目标或梦想。如果你一无所知,那就和下属建立交情,努力发现他们的目标和梦想。

4.作为领导者,你能否运用不同的策略和方法来促进每个下属的发展?

5.对下属来说,怎样运用目标、优势和机遇取得协同一致的效果?

6.你怎样帮助下属发现自己的优势?

7.你不愿对谁讲实话?如果有这么个人,那你就亏欠他。写出这个人和他的问题,然后想想讲实话对公司和他本人有什么潜在的好处,你可以从这个过程中得到帮助,将事实告诉他。

向下领导原则四：发挥下属的优势

1.回顾你在向下领导原则三中为每个下属列出的优势，你和下属交流过你的观察结果吗？怎样利用每个下属的优势？

2.选择上文提到的任一工具帮助下属开发其优势。为他们安排时间进行测试，还要安排时间进行一对一交流，点评每个下属的成绩，并分析他们的优势与目前的职责和可能碰到的其他机遇有何联系。

3.你与下属建立交情的过程中，问问他们"如果一切皆有可能，你最想从事什么事业"。

4.扪心自问两个重要的问题：怎样追求自我进步？怎样培育我的下属？

向下领导原则五：以身作则

1.花时间填写与自己相关的表格，主要包括三栏："我的性格""我的行为"和"成果"。

2.你想通过团队传达什么价值观？你自己的行为能够传递这些价值观吗？

3.你的态度是什么"温度"？

4.你秉持的哪三大价值观塑造了团队的文化？

5.你怎样赢得下属的信任？你言行一致吗？

6.你的职业道德对团队的绩效有积极影响还是消极影响？

7.为增强领导力制订计划：

· 此时此刻怎样增强领导力？

· 明年怎样继续增强领导力？

· 怎样衡量自己的进步？

向下领导原则六：传递愿景

在"愿景挑战"一章中，我要求读者思考自己的愿景。在完成练习册的同时请根据自己的发现写出公司的愿景。

1. 你在传递愿景时希望下属知道并理解什么内容？传递愿景后你希望他们做出何种反应？特别希望他们怎样做？

2. 公司的愿景与过去、现在和未来有何联系？

3. 团队的动机是什么？你怎样将自己团队的重要作用与公司的整体愿景及成功联系起来？

4. 你给了下属什么明确的步骤和目标，促使他们为实现公司愿景贡献自己的力量？

5. 作为愿景的一部分，你能给下属带来什么挑战？

6. 你能与下属分享什么故事，从而将愿景落实到人？这个故事对你的激励作用有多大？

向下领导原则七：根据结果进行奖励

1. 就像"向下领导原则二"中提到的，你仍在"下属努力工作时抓个正着"？今天有没有称赞某个下属？有没有机会在私下场合和公共场合表扬下属？

2. 你有没有研究过怎样补偿你的下属？

3. 你会一视同仁吗？请具体解释。

4. 你为下属提供了什么特权？